本书出版获中南财经政法大学中央高校基本科研业务费专项资金

（编号：2722022EY012）资助

宁文苑 著

高学历女性生育困境

现状与对策

The Fertility Dilemma
among Highly Educated Women

Current Status and Countermeasures

社会科学文献出版社
SOCIAL SCIENCES ACADEMIC PRESS (CHINA)

目 录

第一章　高学历女性生育意愿实现困境

第一节　全面三孩政策下低生育率与生育意愿实现困境

一　全面三孩政策下的低生育率现状

2021 年 5 月，中国人口研究领域有两件大事发生。一是国家统计局首次公布了第七次全国人口普查数据的主要结果；二是中共中央政治局提出进一步优化生育政策，宣布中国将实施"一对夫妻可以生育三个子女"即"全面三孩"政策，并辅以配套支持措施。从时间上看，2020 年 11 月 1 日我国正式开始第七次全国人口普查（以下简称"七普"），2021 年 5 月 11 日国务院新闻发布会公布了主要内容，根据"七普"数据结果，我国人口形势主要呈现以下几方面特征：老龄化程度加剧、生育水平提升乏力以及劳动力供给力度下降等（石人炳等，2019；陈卫、刘金菊，2021；王军、张露，2021；乔晓春，2021；林宝，2021）。

根据国家统计局公布的数据，我国出生人口数连续四年下降，2017~2020 年分别为 1723 万人、1523 万人、1465 万人和 1200 万人，同时，2020 年我国育龄妇女总和生育率已降至 1.3，远远低于预期（陈卫、刘金菊，2021）。在此背景之下，2021 年 5 月 31 日，中共中央政治局召开会议，宣布正式启动"三孩政策"，指出将优化生育政策与生育配套措施，为改善人口结构、维稳生育水平以及促进经济社会发展提供充足的人力资源储备。生育政策从"单独二孩"到"全面三孩"，标志着限制性生育正逐步退出历史舞台，一个全新的人口态势正向我们走来，由此，顺应形势、与时俱进地探索低生育背景之下我国人口变动规律及应对策略，成了 21 世纪人口研究的重要课题（陆杰华、伍绪青，2021）。

二　生育意愿实现困境——意愿与行为之间的偏离

作为预测生育水平的超前变量，生育意愿为实际生育行为（或称为实际生育数）的评估与研判提供了重要依据。然而，综合国内外的生育研究发现，生育意愿与行为之间存在一定程度的偏离（Goldstein et al.，2003；Hagewen & Morgan，2005；杨菊华，2008；茅倬彦，2009；宋健、陈芳，2010），换言之，生育意愿的实现并非一帆风顺，而是存在困境，这给传统的人口学研究逻辑，即围绕生育意愿展开生育行为的预测工作，带来了极大的挑战。既然生育意愿与实际生育行为之间存在偏离，那这种偏离是否存在某种规律？规律为何？如果不了解这些规律，继续将生育意愿作为固定指标来衡量生育水平，乃至对未来人口整体发展态势进行研判的逻辑，便存在一定问题。

在生育意愿实现困境的众多影响因素之中，教育发挥着举足轻重的作用。在学界，"高等教育女性化"问题备受关注，"七普"数据显示，2020年我国每 10 万人中接受过大专及以上教育的人数已超 1.5 万人，换言之，每 100 个中国人中接受过大专及以上教育的人数已有 15 人，相比 1982 年的不到 1% 有了极大提升，其中，女大学生占比明显增多，"女多男少"现象在高校中较为普遍（乔晓春，2021）。既有的相关文献认为，受教育程度与生育意愿及其实现高度相关（Berrington et al.，2015；Schmidt et al.，2012；风笑天，2017a；张晓青等，2016），但具体的影响方向尚且不明。而育龄期女性学历的提升往往和劳动参与率挂钩，与此同时，职业的多元化选择使得女性可能将精力放在自我价值的实现上，从而导致婚育年龄的后延与生育数量的减少。

三　婚姻匹配与女性生育意愿实现

除了教育之外，婚姻匹配同样会影响生育意愿与行为（Katrňák，2008；Schwartz & Mare，2005；Smits et al.，2000）。"七普"数据表明，2020 年我国家庭户规模为 2.62 人 / 户。与以往历次普查数据相比，本次普查的户均人口数已经跌破 3 人，这不仅意味着传统的三口之家的家庭结构已经被颠覆，也意味着越来越多的适龄家庭并未生育（朱雅玲、张彬，2021）。从根本上来说，生育决策是夫妻双方互动的结果，而婚姻匹配模式则会直接影响家庭的生育选择。

既然女性的生育意愿与实际生育行为之间存在一定偏离，而学历高低与婚姻匹配模式又对其造成不小的影响，那么，当前我高学历女性生育意愿究竟如何？在影响女性生育水平的众多因素之中，教育到底发挥多大作用？婚姻匹配模式是否可以从夫妻层面回答生育意愿及相关实现问题？随着"全面三孩"政策的到来，厘清以上问题有助于探索低生育背景之下我国人口形势变化的新动态，从源头上找寻生育意愿无法落地的重要线索，为推动包容性配套支持措施、构建生育友好型社会贡献力量。

第二节　高学历女性生育意愿实现困境研究综述

一　生育意愿研究的现状

（一）生育意愿研究兴起的背景

生育意愿是预测生育行为与生育率的重要依据。自 1936 年美国学者乔治·盖洛普（George Gallup）在一项民意调查中首次提出"理想子女数"（Ideal Family Size）这一概念之后，生育意愿便正式进入生育研究的主流视野（Trent，1980）。有研究表明，生育意愿两度成为生育与人口研究领域的热点话题，第一次热潮兴起于 20 世纪 60 年代，第二次热潮则兴起于 20 世纪末。在生育研究的历史上，有关生育意愿是否能够真实反映生育行为，即生育意愿的有效性问题一直存在一定争议，因此生育意愿研究于短暂高峰期过后相对沉寂了一段时间，到了 20 世纪末又迎来新的高潮（吴帆，2020）。

与第一次生育意愿研究热潮兴起的原因不同，现如今，人口老龄化与超低生育率现象并行，逐渐成为 21 世纪的两大人口危机，对大多数国家的经济发展与人民生活构成了直接威胁，甚至还危及社会经济发展与国家安全。其中，生育水平持续处于低迷状态是导致人口衰退、老龄化现象日益严重的主要原因，在此背景之下，生育意愿研究重新进入大众视野。为了提高生育水平、解决人口危机，近年来生育意愿逐渐成为生育研究领域的核心问题。

（二）我国生育意愿研究的趋势及其发展变化

由于我国特殊的政策背景因素，生育意愿研究一般以生育政策变动为研究导向，关注的重点大多集中在生育意愿与生育政策之间的具体差距，以及如何缩小方面。根据我国生育政策的变动情况，以"双独夫妇"的出现为分水岭，生育意愿研究大体可以划分成两个不同的时期。

首先，在"双独夫妇"群体出现之前，生育意愿通常采用"理想子女数"或者"假设条件下的意愿生育子女数"来测量，但是这样的测量指标存在一定问题。从"理想子女数"这一指标来看，更倾向于测量人们的生育态度，而非生育意愿，研究者更希望知道人们对于生育数量这件事的具体"期待"与"打算"，而非主观构想一个理想家庭"应该怎么样"或者"怎么样最好"，因此，"理想子女数"在测量效度上较低。反观"假设条件下的意愿生育子女数"，往往假设的是计划生育政策没有实施时的生育意愿，这种提问方式无疑将被调查者置于一种虚拟的、非现实性的情境之中，但客观的现实条件始终存在于被调查者的头脑之中。在这种脱离现实的问题面前，人们往往会选择自己认为"合适"甚至"任意"的答案，因此也与真实生育意愿存在不小的差距（风笑天，2017b）。与此同时，研究的导向主要集中于如何降低生育，使之更加符合生育政策的要求，其研究结论的可信度一度遭到质疑。

其次，在"双独夫妇"群体出现之后，特别是党的十八届三中全会提出的"单独两孩政策"实施之后，以"理想子女数"或者"假设条件下的意愿生育子女数"来测量生育意愿的状况有所改观，研究者开始逐渐区分"理想子女数"、"打算生育数"以及"期望子女数"等概念的不同含义（杨菊华，2011；郑真真，2014）。其中，"打算生育数"这一与生育行为关系更加密切的概念得到研究者的共同关注，随后在生育调查和实证研究中被频繁使用（贺丹等，2018；马志越、王金营，2020；汤梦君，2020；杨雪燕等，2021b；庄亚儿等，2021）。从测量的效果上看，以"打算生育数"作为生育意愿的标准可以有效提升生育意愿指标的效度，为生育意愿的变化趋势提供相对有效的参考。同时,也进一步推进生育行为与生育意愿偏离问题的研究,将研究的视野更多转向"二孩"生育意愿及其实现的影响因素(吴帆,2020)。

(三)不同时期的生育意愿测量指标与数值比较

从总体上看,我国人口的生育意愿随着时代的变迁不断发生变化,从计划生育初期生育意愿较高的状态,到 20 世纪 90 年代的快速下降,再到 2000 年至今保持在较低的稳定状态。如今经过生育政策调整,生育意愿有了一定程度的提升,但具体的提升效果依旧难以定论(石贝贝等,2017)。

侯佳伟等(2014)采取横断历史元分析方法考察了我国生育意愿的纵向变化趋势。从时间角度来看,理想子女数经历了三个发展阶段:分别为 20 世纪 80 年代的较高水平阶段、90 年代的快速下降阶段和进入 21 世纪之后稳定在低水平阶段。具体而言,20 世纪 80 年代我国平均理想子女数为 2.13 个,1990 年下降至更替水平 2.1(即平均每名女性生育 2.1 个孩子)以下。进入 21 世纪之后,生育意愿的变化更为明显,2000~2001 年已下降为 1.67 个。随着"单独二孩"以及"全面二孩"政策放开,人们的生育意愿有所抬升,到了 2017 年,我国育龄女性平均理想子女数变为 1.96 个。庄亚儿等(2021)总结了"全面二孩"政策下平均理想子女数的变化,综合 2000 年以后的四次大型全国性生育调查数据,2001 年、2006 年、2013 年和 2017 年 20~44 岁育龄妇女的平均理想子女数分别为 1.72 个、1.76 个、1.92 个和 1.98 个。其中,2001 年和 2006 年以及 2013 年和 2017 年之间变化趋势不明显,但 2006 年和 2013 年之间的差距略有扩大。

受到计划生育政策的制约,2010 年之前,我国生育状况调查一般采用"理想子女数"(或者"假设条件下的意愿子女数")作为生育意愿的衡量指标。然而,作为一种宏观抑或笼统的提法,这种问卷方式的真实性一直饱受质疑。而在 2010 年之后,按照政策规定,夫妻双方均为独生子女的家庭,即"双独夫妇"可以生育两个孩子,至此,真实生育意愿表达的空间得以扩展。随着"单独二孩"和"全面二孩"政策的进一步实施,一些全国性的生育调查开始使用"打算生育子女数"这一更接近真实生育渴望的指标来衡量生育意愿。

下面将比较有代表性的文献进行总结(见表 1-1),在区分理想子女数和打算生育子女数的基础之上，对生育意愿进行了简单比较。

表 1-1　不同时期的生育意愿测量指标与数值比较

作者	调查年份	调查群体或项目	调查对象	平均（个）	测量指标
郑真真（2011）	2010	江苏省 6 县市	18~40 岁育龄妇女	1.70	理想子女数
庄亚儿等（2014）	2013	全国 29 省（区、市）	20~44 岁已婚育龄人群	1.93	理想子女数
石智雷、杨云彦（2014）	2014	湖北省符合政策家庭	19~45 岁育龄夫妇	1.70	理想子女数
张晓青等（2016）	2015	山东省城乡	20~49 岁育龄夫妇	1.85	理想子女数
王军（2015）	2012~2013	中国家庭幸福感热点问题调查	18 岁以上成年人	1.86	理想子女数
张丽萍、王广州（2015）	2012~2014	中国家庭幸福感热点问题调查	18 岁以上成年人	1.90	理想子女数
贺丹等（2018）	2000~2016	全国生育状况抽样调查数据	15~60 岁女性	1.75	打算生育子女数
马志越、王金营（2020）	2017	北方七省市育龄妇女调查	15~60 岁女性	1.72	打算生育子女数
汤梦君（2020）	2017	全国生育状况抽样调查数据	15~60 岁女性	1.82	打算生育子女数
杨雪燕等（2021b）	2006~2016	西北五省区育龄妇女调查	15~60 岁女性	1.74	打算生育子女数
庄亚儿等（2021）	2017	全国生育状况抽样调查数据	15~60 岁女性	1.76	打算生育子女数

资料来源：根据不同文献中生育意愿的测量指标进行汇总。

综合我国生育意愿的调查研究，发现以下四个特点。

第一，生育意愿与实际生育水平之间存在偏离。我国的终身生育水平已经从较早出生队列的生育率高于生育意愿，变为较晚队列的生育率低于生育意愿。从总体上看，过去十几年的总和生育率维持在 1.6 左右，和生育意愿相比明显偏低（陈卫、靳永爱，2011；王军、王广州，2016）。

第二，理想子女数、打算生育子女数和实际生育子女数之间呈现逐级递减的现象。根据生育意愿在一定程度上可以预测未来育龄妇女的实际生育水平，但是并不能完全实现。生育意愿最终能否向行为转化，由多重因素共同决定。

第三，城乡居民的生育意愿已降到更替水平以下，并且城市与农村的生育意愿逐渐趋同。根据最近几年的大型抽样调查结果，我国平均理想子女数在 1.9 个左右，而平均生育意愿在 1.82~1.88 个（庄亚儿等，2014；王军、王广州，2016）。同时，越年轻队列的育龄妇女生育意愿越低，这表明我国未来的生育意愿水平很可能呈现下降趋势。

第四，中国许多家庭存在"生育赤字"现象，即生育需求未能完全满足，其中尤以结构性因素的约束表现最为突出。如社会经济结构的变迁、孩子的数量质量替代效应、生育养育成本过高等因素，均会影响到真实生育意愿的实现，这也对生育友好型社会的构建提出了新的要求（吴帆，2020）。

二 生育意愿与行为之间偏离问题的相关研究

生育意愿存在的重要意义，就在于对生育行为的预测价值。近几十年国内外的生育研究发现，生育意愿与行为之间的偏离现象已趋近常态化（茅倬彦，2009；宋健、陈芳，2010；宋健、阿里米热·阿里木，2021），这对传统人口学的研究逻辑，即以生育意愿为依据预测生育行为，进而推断总体生育水平的做法构成了相当大的挑战。既然生育意愿与生育行为之间存在差距，那以生育意愿作为指标来衡量生育水平，乃至对未来的人口发展态势进行推断的思路便存在问题。

由此，生育意愿的众多研究者对生育意愿与生育行为之间的关系展开了一系列研究，如生育意愿与行为之间存在哪几个中间环节？（Miller & Pasta，1995a；郑真真，2011；杨菊华，2008；顾宝昌，2011）生育意愿与行为偏离的方向及具体特征如何？（Morgan & King，2001；Bongaarts，2001；杨菊华，2008；乔晓春，2021）国内外生育意愿与行为偏离现象存在哪些差异？（Goldstein et al.，2003；Hagewen & Morgan，2005；杨菊华，2008；李玉柱，2014；周云，2011；Knodel et al.，1996；Freedman et al.，1994；马小红，2011；茅倬彦，2009；郑真真，2011；宋健、陈芳，2010；王军，2015；王广州、张丽萍，2017；贺丹等，2018；贾志科等，2019；马志越、王金营，2020；张存刚、梅道甜，2020；汤梦君，2020；庄亚儿等，2021）种种问题的研究，对于厘清生育意愿与行为之间的偏离，进而相对准确地衡量生育水平做了诸多有益探索。

（一）生育意愿与行为之间的关系

细论生育意愿与行为间的关系，大体可分为"等同论"（生育行为 = 生育意愿）、"大于论"（生育行为 > 生育意愿）、"小于论"（生育行为 < 生育意愿）以及"无关论"（生育意愿与行为之间无关）四种（顾宝昌，2011）。除第一种和第四种外，无论生育意愿与行为之间是大于还是小于，均呈现一定程度的偏离。那么，生育意愿与行为之间为什么会存在偏离呢？这里主要涉及生育抉择的两种不同模式，分别是同步模式和序次模式（Udry，1983）。

在同步模式的假定中，人们在早年社会化时期所形成的生育价值观，可以影响其一生，而步入婚姻殿堂的夫妻要么拥有相同的生育观念，要么通过协商后达成一致，即夫妻在结婚伊始或者初育之前就已经确定生育数量，并努力付诸实施。在整个生育、养育过程之中，夫妻已经了解生育行为的全部付出与回报，使二者尽可能保持平衡，故生育意愿不会因外界的影响而发生偏离。

而序次模式的观点则截然不同，持该观点的学者通常认为，生育意愿是一个变量，会受到诸多因素的影响，并非持续恒定。其中，低孩次与高孩次生育意愿的形成过程并不相同，低孩次生育意愿往往受到个体的家庭环境与社会主流价值观念的影响，而高孩次生育意愿会受到低孩次生育意愿的影响，考虑到生育养育的成本与收益，做出最终决策。因此，生育过程中所产生的问题，比如婚姻满意度、事业与家庭的平衡、育儿的成本与负担等因素都会对理想子女数造成影响，这使得高孩次生育意愿始终处于变动之中。

对比同步模式，验证序次模式时，横向数据往往不能满足要求，因此需要更多纵向追踪数据才可检验其合理性。然而，从诸多实证研究结果来看，理想生育意愿与行为之间很难完全一致，从实践意义上讲，同步模式与序次模式都没有得到完全的支持（杨菊华，2008）。

（二）生育意愿与行为的中间环节

对于生育意愿与行为的中间环节，不同学者分别进行了定义。Miller 于 20 世纪 90 年代提出了特点—意愿—计划—行为序列模型，首次在生育意愿与行为之间划分了不同的阶段。该理论认为，诸多的生育意愿，包括生育动机、态度或者生育观念，首先表现为具体的生育偏好，在不同现实条件的影响之下，生育偏好逐渐演变成个人的生育计划，从而产生抑制或促进生育的行为，最终得到生育结果。在该理论中，生育意愿并不等同于实际生育行为。换言之，意愿与行为之间不会直接转化，而是经历一系列过程之后落实成生育率。女性的生育意愿与行为之间遵循序次的递进关系，即生育动机→生育意愿→生育打算→生育行为→生育率（Miller & Pasta，1995a）。

国内学者同样对生育意愿与行为间的中间环节进行了探索。郑真真认为，妇女的理想子女数、生育意愿、生育计划与实际生育行为之间并非并列关系，而是呈现逐层递减趋势。她将理想子女数、生育意愿和生育计划划分成逐渐接近现实的三个层次，其中，理想子女数与现实的距离最远，而数量明确且有具体时间的生育计划与现实的距离最近。与此同时，随着时间的变动，不同指标之间的稳定性有所不同，理想子女数相对比较稳定，而生育计划较大可能发生改变。用简要的公式表示该理论，即理想子女数→生育意愿→生育计划→生育行为。与 Miller 的特点—意愿—计划—行为序列模型相比，郑真真对生育计划的研究更加细化，呈现明显的本土化特征（郑真真，2011）。

杨菊华同样对生育意愿与行为之间的偏离方式进行了探讨，她将生育意愿的几个相关概念，即生育打算、生育预期、生育抉择分别做了厘清，并将多个不同的概念划分成三组，分别为生育意愿（包括生育偏好与理想子女数）、生育打算（包括生育预期）和生育抉择。用一种下行的梯度关系表示为：生育意愿（生育偏好、理想子女数）＞生育打算（生育预期）＞生育抉择。同时，她还特别指出了介于生育意愿、行为及水平之间的两个中间环节，即生育打算（生育预期）和生育抉择，逻辑顺序表示为：生育意愿（生育偏好、理想子女数）→生育打算（生育预期）→生育抉择→生育行为→生育水平。与郑真真观点相似的是，各组指标之间存在依次递减关系。综合以上观点，杨菊华将生育意愿与行为之间的关系总结为三重悖离，第一重悖离即意愿与打算之间的偏差，第二重悖离即打算与抉择之间的偏差，第三重悖离即抉择与行为之间的偏差（杨菊华，2011）。生育意愿与行为的三重悖离之间，彼此相连，环环相扣，一步一步导出了生育意愿与行为偏差的层次与步骤。正如顾宝昌所说，生育意愿与行为之间的三重悖离，为我们考察生育意愿与行为之间的关系引入了一个更深层的视角（顾宝昌，2011）。

根据上述研究结果我们发现，三种不同的理论阐述均有一个共同的特点，即对生育意愿这一抽象的概念进行逐层细分。总而言之，无论具体的划分方式如何，生育意愿与行为之间都存在逐级递减关系。

（三）生育意愿与行为偏离的方向及具体特征

众多国内外的研究均表明，生育意愿与实际生育水平的偏离已成为不争的事实。这种"理想与现实"之间的偏差挑战了传统的研究逻辑，引起了国内外研究者的一致重视。生育意愿与行为偏离的现象，同时发生在发达国家和发展中国家之中，但具体的表现却不尽相同。在邦戈茨的理论中，发达国家主要表现为生育意愿高于实际生育水平，而在发展中国家之中，由于存在大量"非意愿生育"（即自身生育意愿低于实际生育子女数），人们更可能生出主观上"不想要"的孩子（Bongaarts，2001）。

具体而言，在低生育率盛行的大背景之下，人们往往生育意愿较高但却生不出期望的子女数。相反，在高生育率的环境之下，妇女的个人意志容易受到抑制，从而产生较多的"非意愿生育"（杨菊华，2008，2011）。有研究指出，生育的进度因素（石人炳等，2020），即初婚初育年龄的推迟，是当代发达国家经历"后生育转变"的必由之路。与此同时，由于女性具有天然的生育年龄上限，初婚和初育年龄并不会无限推迟。如果该推论正确，随着初婚初育年龄趋于稳定，未来的实际生育水平将与生育意愿保持一致（杨菊华，2008）。因此，当前的低生育水平属于暂时性状态，不足为惧。然而，如果进度效应并非导致生育意愿与行为偏离现象的原因，人口转变可能带来的消极后果，需要研究者引起高度的重视。

中国作为一个发展中国家，已经完成了生育率由高向低的过渡。然而，一个十分有趣的现象是，我国生育意愿与行为之间的关系往往更为复杂。在不同的地区、年龄队列与政策背景之间，生育意愿高于和低于生育实际的情况甚至同时存在，这使得我国的人口态势与国际人口形势呈现不一样的特质。

首先，对于我国具体生育水平的评判虽然存在诸多争议，但生育率低于更替水平的现状，已获得学界的普遍认可。"七普"显示，中国人口正经历从正增长向负增长的转折（乔晓春，2021）。与发达国家相似的是，我国理想子女数大体在2个左右，且最好是一儿一女，不同于发达国家单纯对子女数量的追求。除了对生育数量有要求之外，我国还有与性别偏好国家相同的子女"性别意愿"。其次，不同年龄队列女性的理想与实际生育之间的偏离情况不同。年龄较大的女性中有很大比例生育意愿高于生育水平，即存在一部分"非意愿生育"，这一点在不发达的农村地区表现最为突出。最后，由于我国特殊的生育政策背景，不同时期的生育政策对生育意愿及行为的影响很大。具体而言，在计划生育较为严苛时期，人们的生育意愿很难通过问卷真实地表达出来，瞒报、漏报现象明显，生育意愿与行为之间的偏离情况很难得到数据证实。

（四）国内外生育意愿与行为偏离现象的差异及对比

大量的国外研究结果表明，人们的生育意愿大致保持在更替水平上下。也就是说，实际生育水平过低和生育意愿之间并不存在因果关系，生育率的降低并非由生育意愿过低导致。1989年欧洲12国的调查结果显示，人们的平均理想生育数依旧维持在2个以上，远远高于实际生育行为，欧共体国家的平均生育率为1.6（即平均每名女性生育1.6个孩子），而理想生育意愿为2.16个，两者相差0.6左右（Goldstein et al.，2003）；Hagewen和Morgan（2005）通过对欧洲16国以及美国的生育意愿和实际生育水平的比较发现，美国、奥地利以及德国的生育意愿与行为之间的差异不大，在大部分国家中，生育意愿比实际生育水平高0.2~0.4，也有部分国家高于0.6，但是数量较少。

杨菊华综合欧美17国的数据，研究了21世纪初期生育意愿与行为之间的差距。结果发现，大多数国家的理想子女数高于生育意愿，同时高于实际生育水平。其中，希腊、西班牙和英国的生育意愿与实际生育水平差距最大，但理想子女数均高于 2 个。德国和美国的表现则略有不同，这两国的生育意愿与实际生育水平的差距并不大，但表现形式并不一致。具体而言，前者的理想子女数与实际生育数都偏低，而后者则偏高。对于美国这种种族结构相对复杂的国家，超过意愿生育的数量可能会与未能满足生育意愿的数量相互抵消，从而达到一种微妙的平衡状态（杨菊华，2008）。

李玉柱总结了 20 世纪 80 年代以来欧美发达国家以及东南亚国家的生育意愿与实际生育水平之差，并将生育意愿水平划分为三类，其中，德语国家的生育意愿水平低于更替水平，美国及北欧维持在 2.5 左右，其他欧美国家则分布在更替水平附近。比较之下，东南亚国家的生育水平下降较晚，生育意愿水平仍旧保持在 2.5 以上。从总和生育率来看，无论是欧美发达国家还是东南亚国家，实际生育水平均持续低于生育意愿水平，只不过时间早晚有所不同（李玉柱，2014）。

除了欧美国家之外，许多生育水平转变处于尾声期的国家和地区，比如日本（周云，2011）、泰国（Knodel et al.，1996）、我国台湾地区（Freedman et al.，1994）等，同样存在生育意愿与行为的背离。以日本为例，有研究表明，2005 年日本的理想子女数为 2.48 个，而实际生育子女数为 1.26 个，两者之间的差距已经和现实中的总和生育率水平接近。拿理想生育意愿与总和生育率对比会发现，两者之间的差距已从 1977 年的 0.8 扩大到 2005 年的 1.22。这意味着，在一些低生育水平国家中，生育意愿再高也无法真正落实到实际生育行动中，而生育意愿的进一步降低，预示着生育水平的回升更加困难（周云，2011）。

与国外的研究发现类似的是，我国生育意愿与行为之间同样存在偏离现象。从实证角度来看，在探讨生育意愿、生育行为以及生育水平之间关系的问题时，生育意愿的数据比较好获得。一般而言，生育意愿的数据往往可以直接通过问卷得到。反观生育行为数据的获取，难度却大了许多，想要获得真实的生育行为数据，应该侧重于纵向追踪数据的收集。相比国外，国内这方面的研究起步较晚。同时，我国的生育政策正在经历一个急速变化的过程，缺乏与之相对应的长期跟踪结果，这些因素都构成生育意愿与行为偏离方面研究的难点。

目前，已有不少学者通过特定的方式规避问题，从而得出了较有说服力的研究结论（马小红，2011）。茅倬彦（2009）基于"江苏生育意愿与生育行为研究"课题组在江苏省六县的调查信息发现，育龄妇女的理想子女数仅为 1.47 个，所观察到的当前生育率为 1.01，而未来的目标生育率为 1.10~1.26，与现有子女数相比，生育意愿与实际生育行为的偏离程度可见一斑。郑真真（2011）同样基于"江苏生育意愿与生育行为研究"课题组的调查发现，育龄妇女的理想子女数、生育意愿、生育计划和实际生育数之间存在逐级递减关系。其中，理想子女数最高，而实际生育数最低。在所有满足二孩生育政策条件的育龄妇女之中，理想子女数在 1.7 个左右；而意愿子女数又比理想子女数低 0.2 个，在 1.5 个左右徘徊；现有子女数又比意愿子女数低，为 1.1 个左右。从现有子女数加生育计划的角度来看，仅比现有子女数提升了 0.2 个。在所有育龄妇女之中，只有不到 30% 符合二孩生育政策的女性最终生育了二孩。总体来看，"不生"计划往往容易落实，而"要生"计划距离落实仍有较大差距。

为了规避城市青年后续可能的生育行为，更真实地反映终身生育水平，宋健和陈芳（2010）创造性地将生育行为的数量维度界定为现有子女数与计划再生育子女数之和。在"中国城市青年状况调查"中，平均理想子女数在 1.61 个左右，而现有子女数为 1.07 个。即使将计划再生育子女数与现有子女数相加，数据也仅上升 0.12 个，生育理想与生育行为之间仍存在明显偏差。陈卫和靳永爱（2011）聚焦于基本完成生育期（35~49 岁）的女性，研究发现，该群体的平均理想子女数为 1.8 个，而平均实际生育数为 2.2 个。这说明，与其他发展中国家相同的是，我国同样存在生育意愿与行为偏离且实际高于意愿的情况，其中，性别偏好是造成该现象的重要原因。王军（2015）通过研究 2012 年和 2013 年中国家庭幸福感热点问题调查的原始数据发现，目前我国理想生育水平在 1.86 左右。在现行生育政策条件下我国育龄妇女的终身生育水平为 1.59，如果生育政策完全放开，终身生育水平仅上升 0.9 左右，显著低于理想生育水平。

全面二孩政策实施以来，低生育水平下育龄人群生育意愿与计划之间的差异日益受到重视。王广州和张丽萍（2017）基于 2012~2016 年中国家庭幸福感热点问题调查，补充了全面二孩政策实施之初的生育意愿与计划之差。研究结果表明，即使在二孩生育放开之时，育龄人群的平均理想子女数变化幅度依旧很小，大体保持在 1.94 个左右，而计划生育子女数为 1.89 个。相对于理想子女数而言，计划生育二孩的比例明显降低，生育意愿转化为实际生育行为的可能并未随着生育政策的放开而上升。贺丹等（2018）分析了 2000~2016 年我国的生育水平、生育意愿、避孕方法及生育服务情况，发现育龄妇女的平均理想子女数与打算生育数分别为 1.96 个和 1.75 个，两者差距为 0.21 个。贾志科等（2019）利用江苏南京、河北保定两城调查的数据，从数量维度和性别维度分析了青年夫妇生育意愿与生育实际相背离的现象。研究表明，城市青年夫妇的理想子女数为 1.90 个，远高于现有子女数 0.81 个，但生育意愿与生育实际之间的差距正呈现不断缩小的趋势。

马志越和王金营（2020）以 2017 年全国生育状况抽样调查北方七省市数据为依据，对比了育龄妇女意愿生育数与实际生育数。研究发现，从城乡意愿生育数的平均值来看，大概在 1.72 个左右，但实际生育数只有 1.58 个，两者相差 0.14 个。总体来看，育龄妇女的意愿生育明显高于实际生育水平，二者之间存在不小的偏离。张存刚和梅道甜（2020）分析了 2010 年和 2015 年的中国综合社会调查数据，研究指出，2010 年的理想生育数与实际生育数均值分别为 1.78 个和 1.29 个，到了 2015 年则变为 1.90 个和 1.34 个，理想生育数与实际生育数之间的差距从 0.49 个进一步扩大到了 0.56 个。对于城镇妇女而言，生育意愿满足的程度不仅低，而且下降趋势异常明显。

汤梦君（2020）通过研究 2017 年全国生育率抽样调查数据发现，妇女的平均理想子女数、打算生育数和现有子女数分别为 1.99 个、1.82 个和 1.56 个，生育意愿与行为之间存在明显偏离。其中，尤以二孩的生育打算衰减表现最为突出。从孩次的角度来看，我国存在大量"未实现"的二孩生育意愿，以及一定"非意愿"三孩及以上生育。庄亚儿等（2021）的研究结果表明，育龄妇女的平均理想子女数和打算生育子女数分别为 1.96 个和 1.76 个，女性生育意愿整体转向少生，育龄群体的生育意愿持续低迷。表 1-2 将不同学者针对生育意愿与行为偏离的研究结果进行了简单比较。

表 1-2　不同学者针对生育意愿与行为偏离研究结果的简单比较

作者	调查年份	调查地点	样本规模（人）	年龄（岁）	理想子女数 a（个）	意愿子女数 b（个）	现有子女数（个）	偏离程度 c（个）
茅倬彦（2009）	2009	江苏省六县	4284 d	20~40+	1.47	1.18 e	1.01	0.46
宋健、陈芳（2010）	2009	北京、保定黄石、西安	3282	20~34	1.61	—	1.07	0.54
郑真真（2011）	2007 2010	江苏省六县	5705	18~40	1.70	1.50	1.10	0.60
陈卫、靳永爱（2011）	2001	全国	17899	35~49	1.80	—	2.20	-0.40
王军（2015）	2012 2013	全国	5547 5818	18 及以上	1.86	—	1.59	0.27
王广州、张丽萍（2017）	2012~2016	全国	约 5000 f	18 及以上	1.94	1.89	—	0.05 g
贺丹等（2018）	2017	全国	25 万左右	15~60	1.96	1.75	—	0.21
贾志科等（2019）	2014	南京、保定	558	18~35	1.90	1.79	0.81	1.09
马志越、王金营（2020）	2017	北方七省市	47246	15~49		1.72 h	1.58 h	0.14
张存刚、梅道甜（2020）	2015	全国	1643	15~49	1.90	—	1.34	0.56
汤梦君（2020）	2017	全国	25 万左右	15~60	1.99	1.82	1.56	0.43
庄亚儿等（2021）	2017	全国	25 万左右	15~60	1.96	1.76	—	0.20

注：a：不同研究中关于理想子女数调查的提问方式不同，比如："如果不考虑生育政策和其他条件，您认为一般家庭有几个孩子最理想？""您认为一对夫妇生几个孩子最合适？""您认为一个家庭中最理想的孩子数是几个？"等。

b：不同文章关于意愿子女数的界定并不统一。有的为："您自己希望生几个孩子？"更接近于理想子女数；有的则为："您打算生几个孩子？"更接近于打算生育数；还有从生育计划的角度出发，即在不考虑计划生育政策的情况下，育龄人群计划要几个子女；等等。

c：由于大多数的调查都涵盖理想子女数与现有子女数，因此这里的偏离程度主要指理想子女数与现有子女数之差（如表格中只有意愿子女数和现有子女数或只有理想子女数与意愿子女数，则为以上两者之差）。

d：这里仅汇报符合二孩生育政策的调查人数。

e：文中原数据为 1.10~1.26，这里取均值。

f：由于该研究的调查范围涉及五年的数据，在此取样本规模的平均值。

g：该研究中只呈现了理想与计划生育子女数，故此处的偏离程度为两者之差。

h：将文中城乡的意愿与实际生育子数分别取均值。

三　"高等教育女性化"现象对生育水平的影响

（一）女性受教育程度的普遍提升

自 20 世纪 60 年代以来，教育规模扩大和生育行为的变化一直是世界人口格局中最显著的特征。随着现代社会的发展，教育逐渐进入普及和规模扩大阶段，至此，教育日益成为社会经济结构中的一个重要组成部分。尽管获得更好的受教育机会依旧受到父母社会阶层的强烈影响（Lawton，1994；Bukodi & Goldthorpe，2013），但教育水平的普遍提升已成为社会发展的主流趋势。回顾 19 世纪末和 20 世纪上半叶，教育规模扩大主要适用于男性，当时的大学教育几乎完全属于男性。到了 20 世纪下半叶，女性开始逐渐赶上男性（Meyer et al.，1992；Schofer & Meyer，2005）。在 20 世纪末，越来越多的西方（以及非西方）国家的女性受教育程度得到提升，尤其在获得更高学位方面，进展更为迅速（Grow & Bavel，2015；Esteve et al.，2016）。

根据最近的人口预测，到 2050 年，除少数非洲和西亚国家外，世界上几乎每个国家的女性受教育程度都将高于男性（Samir et al.，2010）。至此，教育发展的性别差异发生逆转，这给婚姻市场的构成、婚姻匹配方式、性别平等以及离婚和生育等婚姻家庭问题均带来了重大影响（Bavel，2012）。2009 年，我国普通高校在校生（包括本科生、专科生总体）中，女性占比首次高于男性，这种"女多男少"的现象在高校中较为普遍，"高等教育女性化"概念开始频繁出现在有关性别问题的研究中（马宇航、杨东平，2016）。事实上，这一现象并非仅仅出现在我国，在高等教育领域，女性数量多于男性早已成为世界各国的共同潮流。

马宇航和杨东平（2016）预测，当中国高等教育的毛入学率达到 50%时，女性数量多于男性的比例大约在 10%；而在 2030 年前后，当中国高等教育的毛入学率达到65%时,"女多于男"的比例将达20%,逐渐进入性别结构平衡维稳状态。

改革开放以来,中国社会各个方面发生了翻天覆地的变化,越来越多的女性获得了上学与就业的机会,逐渐摆脱传统的家庭角色,经济上变得更加独立。在过去的20多年间,育龄妇女的人口总量与结构以及受教育程度都发生了相当大的变化。从总量上看,我国育龄妇女的总量经历了先升后降的局面,即从持续增加转变为略有下降。张丽萍和王广州(2020)总结了人口普查和1%人口抽样调查数据,研究发现,1982年我国育龄妇女的总量为2.48亿人,到2010年达到峰值,为3.80亿人,而2015年育龄妇女的总量略有下降,为3.75亿人。但从总体上看,即使在人口总量下降的情况之下,2015年我国育龄妇女的总量仍然达到了1982年的1.5倍。

与此同时,育龄妇女的受教育程度也发生了明显变化,主要表现为以下特点。第一,初中及以上受教育程度的依旧占育龄妇女的大多数,但绝对优势有所下降。按照粗略预测,初中学历女性的数量每年下降率在1%左右。第二,受过高等教育的育龄妇女人口比例增长迅速。随着我国高校招生规模的进一步扩大以及育龄妇女总量的下降,育龄妇女中受过高等教育的比重还有继续提升的空间。第三,对于正处于低年龄段即生育旺盛期(20~39岁)的育龄妇女而言,受过高等教育的占比将大幅度提升。综上可知,我国育龄妇女的受教育程度呈现一定程度的两极分化,即年轻的育龄女性人数逐渐减少,高龄的育龄女性人数逐渐增多,前者的受教育程度普遍更高。

(二)"高等教育女性化"现象对生育意愿及其实现的影响

女性受教育水平的提升是近年来影响生育率的重要因素。既有的大部分文献认为,学历与生育意愿高度相关,且会影响到实际生育行为本身。目前,女性受教育程度对生育意愿及其实现的影响并不明确,细论二者之间的关系,大体可分为负相关论、正相关论、无关论以及非线性相关论四种。

第一种,负相关论。

在这四种观点中,持女性受教育程度与生育之间呈现负相关关系的研究者占绝大多数。从理论角度而言,女性赋权假说认为,女性受教育程度的提升、经济与决策能力的增强以及政治权力的提高,是女性生育意愿下降的重要原因（McDonald，2000）。相比于受传统的性别角色影响而以家庭为生活重心的女性，倾向于个人主义现代性别分工的女性的生育意愿明显更低。简言之，以个人职业发展为重的女性更倾向于少生孩子（Vitali et al.，2009）。教育作为女性赋权的重要组成部分，是近年来影响生育率变化的重要因素。

新家庭经济学理论（Becker et al.，1990）将生育行为与经济学相互关联，设定了生育的经济学模型，即女性受教育程度的提升会使得家庭及伴侣更加注重孩子的质量而非数量，这对孩子的数量要求产生挤出效应。由于抚育幼儿占用女性参与其他社会活动的时间，生育导致的工资及职业晋升的损失会对职业发展产生明显不利的影响，因此，学历更高的女性将面临更高的生育成本，女性受教育程度的提升与生育之间呈现负相关关系（Becker et al.，1990）。第二次人口转变理论同样解释了教育与生育之间的关联。这一思想是在 20 世纪 60 年代女性解放思潮的兴起与个人主义倾向上升的背景之下产生的，主要侧重于婚姻家庭的一系列变化，如结婚年龄推迟、非婚同居与婚外生育比例增加、结婚率降低等内容。其中有关生育的研究是该理论的重点，强调个人的态度、价值观等因素对于个人生育偏好的影响（Lesthaeghe,2014）。

除了以上解释之外，还有以下两种原因，即婚育年龄的推迟与避孕节育比例的提升。首先，女性受教育程度的提升会使其在校时间变长，从而导致结婚与生育推迟，即低年龄段的育龄妇女选择在更高年龄段生育。虽然，在高年龄段生育的女性后期会有一定的生育恢复，但有研究表明，由于一些生物学及社会原因，那些较晚开始生育的人最终可能会少生孩子（Berrington et al.，2015；Schmidt et al.，2012）。其次，女性受教育程度与避孕节育工具的使用以及人工流产率息息相关。许多研究结果表明，受过高等教育的群体有更多现代避孕知识和更积极的节育态度。换言之，接受过较高教育的女性在避孕和生育选择方面比受过较少或未受过教育的女性拥有更大的自主权（Krzyżanowska & Mascie-Taylor，2014；Kravdal & Rindfuss，2008）。

从实证研究的角度，Kreyenfeld（2010）通过分析德国 1984~2006 年的生育率发现，在就业情况不稳定时受过高等教育的女性往往选择推迟生育，反之，受教育程度较低的女性未受到影响。Wusu（2012）通过对尼日利亚1990~2008年的数据进行分析发现，在这18年间，女性的受教育水平明显提高，且与生育水平密切相关，即随着女性受教育程度的改善，生育率呈现持续下降趋势。Harknett和Hartnett（2014）利用2004~2007年的欧洲社会调查数据，分析了女性的个人身份、年龄、夫妻关系以及生育意愿对实际生育行为的影响，指出女性的生育推迟不仅改变了生育的速度，同时减少了生育数量。因此，对于受过高等教育的女性而言，生育意愿与行为之间的偏离与生育推迟且后期缺乏生育恢复有关。

国内许多研究者的结论也与国外一致。例如，侯佳伟等（2014）通过对1980~2011年开展的227项生育意愿调查结果的分析发现，1982~2011年，我国女性的平均受教育年限从7.5年增长到9.2年，随着女性受教育程度的提升，理想子女数呈现逐渐下降趋势。刘章生等（2018）基于2013年CGSS调查数据探讨了教育对二孩生育意愿的影响，指出教育与生育行为之间呈现显著的负相关关系。换言之，教育对生育意愿的负向影响会体现在生育行为上。在控制了性别等其他变量之后，受教育程度较高的人群生育率明显降低。

第二种，正相关论。

虽然大多数研究者认为女性受教育程度与生育之间呈现负相关关系，即随着文化水平的提升，人们的生育意愿与实际生育数逐渐下降，但还有不少学者持有相反的观点，认为女性受教育程度与生育之间为正相关关系。究其原因，主要有以下三点。第一，拥有更高学历的女性一般有较高的工资，更可能负担得起儿童保育及其他雇佣服务，减轻育儿压力。与此同时，从经济成本的角度考虑，收入更高的女性能够养育更多子女（田艳芳等，2020）。第二，受过良好教育的女性在婚姻市场上更具吸引力，往往可以找到更愿意分担家务及育儿任务的男性，这也从侧面缓解了女性的生育压力（Kravdal & Rindfuss，2008）。第三，相比受教育程度低的女性，受过高等教育女性的生育机会成本更低，学历在一定程度上起到弱化女性生育收入惩罚效应的作用，女性作为生育行为的主要承担者，在生育养育的过程中往往会耗费大量精力，但高学历女性有更大可能在高端市场就业，其职业环境不容易因生育行为发生改变，因此更少受到雇主歧视（Gough &

Noonan, 2013）。

从实证研究的角度，Bracher 和 Santow（1991）使用澳大利亚妇女全国调查的数据，考察了自 20 世纪 50 年代起生育率的变化情况。研究发现，不同时间段结婚的女性生育意愿与受教育程度之间的关系并不相同：对于 1966~1976 年结婚的女性而言，其平均生育意愿与受教育水平之间呈负相关；而 1977~1986 年结婚的 20~24 岁女性，其平均生育意愿与受教育水平之间的关系刚好相反，呈现正相关关系。Testa（2006）运用欧洲的生育偏好和家庭问题调查结果分析了欧洲家庭的理想规模问题。研究指出，在西欧和北欧的一些国家中，受教育程度更高女性的生育意愿高于受教育程度较低的女性。

国内的研究者也有类似的结论。钟晓华（2016）通过对广东省 1017 户城市"双非"夫妇的再生育意愿调查发现，与学历较低的女性相比，受教育程度较高的受访者更偏向于生育二孩。陈蓉和顾宝昌（2021）运用横断历史元分析法，对上海市 27 项生育意愿的公开数据进行了二次分析，研究指出，受过较高教育及家庭收入水平偏高的人群，其生育意愿往往更高，同时更可能生育二孩，呈现与传统生育理论不同的"倒挂性"。

第三种，无关论。

目前，学界对于女性受教育程度与生育之间的关联尚不明确，对于二者之间的关系，除了上述的正向和负向影响之外，还有无关论和非线性论两种。

对于无关论，Sobotka（2009）使用 1986~2001 年的奥地利调查数据分析了生育意愿随时间和生命历程变化的趋势。研究发现，对于 26~30 岁的女性而言，其生育意愿在不同受教育程度之间几乎不存在差别，平均保持在 1.7~1.8 个；Sandström（2014）分析了 20 世纪中叶瑞典婴儿潮时期妇女的教育梯度变化，认为在 20 世纪 60 年代婴儿潮高峰时期，教育导致的生育差异几乎消除。换言之，受过高等教育的妇女与未受过高等教育的妇女的生育行为趋同，是瑞典 20 世纪 60 年代婴儿潮产生的先决条件。一项关于 20 世纪上半叶西班牙妇女的研究发现，教育与生育率之间呈现负相关，但这种情况在生育一个孩子之后发生转变，即对于已生育一孩的女性而言，教育与生育率的相关性消失（Requena & Salazar, 2014）。

侯佳伟等（2014）分析了2000~2011年女性受教育年限与理想子女数之间的关系。研究发现，11年间女性的平均受教育年限共增加0.99年，这一时期受教育年限的增长速度最快，增幅最大。然而受教育年限与理想子女数之间并非一直呈现负相关，从实证分析结果看，理想子女数的下降是有下限的，在降低到一定程度之后，反而保持稳定，不再继续下降。

第四种，非线性相关论。

对于非线性关系，张勇等（2014）研究发现，虽然随着女性受教育程度的提升，符合"单独二孩"政策条件的家庭不愿生二孩的情况有所上升，两者呈现负向显著，但是不同文化程度之间有差别，例如高中学历女性相比初中及以下更不愿意生二孩，但是对大专及以上学历女性没有显著影响。这一研究结果说明，教育与二孩生育意愿之间并非严格为负相关关系。

张晓青等（2016）对山东省符合单独和全面二孩政策的家庭进行了生育意愿调查，结果表明，大专学历的"双非"家庭打算生育二孩的可能性比其他学历更高。按受教育程度对生育意愿的影响从高到低依次排序，分别为大专、初中、高中以及本科，呈现典型的非线性关系。与之类似的是，赵梦晗（2019）通过分析中国综合社会调查数据发现，受教育程度较高和较低女性的二孩生育意愿更高，换言之，受教育程度与生育意愿之间呈现正U型关系，而非简单的线性关系。

综合以上分析可知，对女性受教育程度与生育之间的关系并未拥有统一答案。正如风笑天（2018）所言，受教育程度与生育之间的不一致结果，一方面体现了文化程度与生育之间关系的复杂性，另一方面也和具体研究内容的差异有关。原因主要有以下几个方面。首先，从调查对象来看，由于调查对象的年龄、户籍、所处地域等因素不同，受教育程度对生育影响的方向便不同。其次，从因变量的界定来看，有的研究者关注的是理想生育意愿，有的研究者关注的是打算生育意愿，还有的研究者以实际生育水平为标准衡量意愿与行为之间的差异。与此同时，对于因变量的界定方式也不尽相同，例如，风笑天对生育意愿的衡量标准是将问卷中回答"不确定"的人去掉，而张勇等（2014）则将"不确定"归到"想生二孩"一列，张晓青等（2016）正相反，将这部分群体归为"不想生二孩"一列。最后，从生育数量的界定范围考虑，由于我国特殊的生育政策，大多数生育研究把目标集中于0~2孩，而不是普遍意义上的0~n孩，因此，以受教育程度与生育负相关为例，很可能只存在特定的数字区间，如0~1孩或1~2孩，在其他的区间范围可能并不存在，或者呈相反特征（风笑天，2017b）。

（三）婚姻匹配与生育意愿实现

目前国外关于婚姻匹配对生育影响的研究成果颇丰，而不同的婚姻匹配模式对生育行为的作用也不尽相同。自20世纪60年代以来，女性获得高等教育的比例不断提高，进入劳动力市场的人数急剧增加，与此同时，男性参与家务劳动与育儿工作的人数也明显增长。这种男女两性的分工变化与生育普遍推迟、无子女比例增加、总和生育率迅速下降、离婚率普遍上升等人口现象同时存在（Bianchi et al.，2012）。下面主要从四个方面阐述婚姻匹配的影响。

1. 教育婚姻匹配

近年来，人口学者开启了以夫妻为中心视角来审视生育行为的新潮流。教育的全球性扩张，使得男女两性在家庭经济地位方面发生了剧烈变化，而教育又与生育行为密切相关，这对生育行为本身造成巨大影响。关于教育婚姻匹配对生育的影响，国际上主要有两大流派：一派以贝克尔为代表，主张新家庭经济学理论（Becker，1974；Becker et al.，1990）；另一派以奥本海默为代表，主张婚姻职业进入理论（Oppenheimer，1994，1997）。新家庭经济学理论认为，伴侣一方从事有偿就业，而另一方从事专门的家务和育儿劳动，家庭的机会成本可以降到最低。这一理论隐含地预测了：受过高等教育的男子与受过较低教育的妇女所组成的传统教育婚姻匹配模式将形成最理想的生育环境。

与之相反的是，奥本海默认识到妇女对家庭经济的重要性。其婚姻职业进入理论认为，伴侣同时具有较高的受教育程度是家庭经济福祉的重要保障，换言之，夫妻双方同时具有较高学历可以最大限度地集中社会资源，更好地面对劳动力市场的挑战。因此，相比夫妻受教育程度差距较大的婚姻匹配模式，夫妻共同拥有更多的教育或经济资本会更有利于生育。

然而，国际上关于教育婚姻匹配对生育的影响并没有一个统一的答案，有的结论甚至完全相反。从总体上看，教育婚姻匹配对生育的影响大体分为三类，分别为：夫妻双方的受教育程度都较高的婚姻匹配模式下生育水平更高、丈夫受教育程度高于妻子的传统型婚姻匹配模式下生育水平更高、教育婚姻匹配对于生育并无影响。

第一，夫妻双方的受教育程度都较高的婚姻匹配模式下生育水平更高。

一项汇集了 24 个欧洲国家数据的研究指出，与只有一个受过高等教育的伴侣或夫妇受教育程度都较低的婚姻匹配模式相比，同样受过高等教育的夫妇第一次生育发生推迟的概率最大，但其第二胎次和第三胎次生育率更高（Nitsche et al.，2018）。Nitsche 等（2020）利用芬兰登记册数据发现，在一些发达国家，均受过高等教育的夫妇比只有一方受过高等教育的夫妇更有可能生育二孩。与一名受过大学教育的妇女和一名受过较低教育的男子所组成的低配型婚姻相比，伴侣双方的受教育程度均较高，有利于进一步提高生育率。从理论层面来看，该研究结果更支持奥本海默的婚姻职业进入理论而非贝克尔的新家庭经济学理论，即认为伴侣之间的联合家庭资源尤其是教育资源的增长，对促进二孩生育起着至关重要的作用。

第二，丈夫受教育程度高于妻子的传统型婚姻匹配模式下生育水平更高。

这种观点认为，丈夫高于妻子的传统型婚姻匹配模式比夫妻双方受教育程度都较高的婚姻匹配模式生育水平更高。例如，Osiewalska（2017）的研究发现，在奥地利和保加利亚地区，双方均受过高等教育的夫妻，生育的子女数往往比受教育水平较低的夫妇少，而在法国，教育婚姻匹配对于生育的影响反而并不明显。另一项瑞典的人口研究表明，教育与平均后代数量之间存在消极关联，即配偶的受教育水平越低，其生育的子女数越多，换言之，配偶的受教育程度降低会明显增加平均后代数量（Fieder & Huber，2007）。

第三，教育婚姻匹配对于生育并无影响。

还有研究者认为，教育婚姻匹配对于生育并无影响。Bereczkei 和 Csanaky（1996）研究匈牙利的婚姻样本发现，与受过同等教育水平男性结婚的女性在生育数量方面与那些丈夫受过高等教育的女性相比差距并不明显。此外，Hur（2003）没有发现教育背景相同的婚姻匹配模式对美国夫妇的平均后代数量有任何影响，或者说，不同夫妇教育匹配模式下平均子女人数并不存在显著差异。

　　除了以上三种观点之外，对于教育婚姻匹配对生育的影响，有学者提出了另外的解释。Trimarchi 和 Bavel（2020）使用六个欧洲国家的世代和性别调查，通过拟合多层次事件历史模型来解释婚姻匹配与生育之间的关系。研究结果表明，相比同样受到中等教育的夫妇而言，受过高等教育的夫妇在西欧国家有更高的生育率，而教育程度较低的夫妇在中欧及东欧国家有着更高生育率。这些模式表明，生育行为取决于家庭和工作协调的具体条件，这些条件包括不同国家的家庭政策、劳动力市场结构以及性别规范的交叉。简而言之，不同的经济发展水平与生育政策对婚姻匹配与生育行为的影响各有不同。

　　2. 收入婚姻匹配

　　与教育婚姻匹配直接相关的是收入与职业婚姻匹配。作为社会学领域的一个重要议题，国内外关于夫妻权力关系的研究一直层出不穷，其中尤以相对资源理论应用最为广泛。布拉德和沃尔夫（Blood & Wolfe，1960）最早提出了相对资源理论，他们认为，夫妻双方给婚姻带来的比较资源决定了家庭的权力分配。一方面，相对资源已经取代传统父权制，成为新型的家庭权力来源；另一方面，在婚姻关系中贡献更多的一方往往享有更大权力。

　　从理论意义上讲，资源可能泛指任何层面，包括金钱、外貌、情感等可以帮助另一方满足需求或实现目标的手段，但大多数研究集中于丈夫和妻子的社会资源，其中尤以收入表现最为直接。在该理论的背景之下，一些研究将家庭的生育决策与夫妻相对工资水平挂钩，把男女双方的劳动分工看作家庭内部的博弈（Galor & Weil，1996）。国内的研究也有类似结论，即夫妻双方的相对经济实力会影响家庭地位的形成，进而影响生育行为本身。

　　具体而言，Huber 等（2010）使用美国样本分析了夫妻双方收入与生育水平之间的关系，结果发现，已婚夫妇的总体收入以及妻子的收入与子女数量呈负相关，而丈夫的收入与子女数量之间的关系为正相关。Qian 和 Jin（2018）利用 2016 年中国家庭决策调查数据分析了性别平等与生育自主权的命题，文中将女性的收入占比纳入控制变量，发现个人收入占比低于家庭总收入 50% 的女性，其收入份额的增加与生育权力的变化无关。但个人收入占比超过 50% 的女性，可能比丈夫拥有更大的生育话语权。

卿石松、丁金宏（2015）分析了上海市夫妻匹配调查数据，发现夫妻的社会经济特征，尤其是丈夫一方的经济收入对妻子的生育意愿构成直接影响。具体而言，在妻子的收入低而丈夫的收入高，或者夫妻的总体收入都较高的家庭中，女性的生育意愿更高。陈蓉、顾宝昌（2020）基于 2017 年已生育二孩的上海户籍夫妇数据，对实际生育二孩人群的生育原因及个体特征进行了分析。研究发现，受教育程度和收入程度均较高的夫妻，生育二孩的意愿更强烈、可能性更大。需要特别指出的是，如果丈夫的受教育程度高且对家庭的收入贡献更大，则生育二孩的可能性明显增加。

3. 职业婚姻匹配

与收入婚姻匹配相似的是，职业婚姻匹配也在很大程度上影响女性的生育意愿及实际生育行为。作为推动性别平等和解决女性从属地位的重要途径，国际社会有关"女性赋权"的讨论日益丰富。一些国际机构如联合国、世界银行普遍将"女性赋权"作为向发展中国家提供经济援助的重要条件，英国、加拿大、北欧等发达国家和地区在对外援助过程中也将"女性赋权"作为发展项目与援助领域的具体衡量指标。1994 年的《国际人口与发展大会行动纲领》就把健康、教育与就业认定为"女性赋权"的三个重要领域，其中，尤以帮助女性实现全面而充分的就业、提升非农就业比例为"女性赋权"能否实现的重要标志（王永洁，2019）。

不少学者研究了职业婚姻匹配对生育的影响，例如，Jansen 和 Liefbroer（2006）运用美国社会融合数据，分析了夫妻双方性别角色及为人父母的态度。结果表明，对于意大利双职工家庭而言，夫妻在婚姻关系中的议价能力已成为家庭生育决策的重要影响因素，拥有相同议价能力的夫妻对是否生育的影响作用相同；Krzyżanowska 和 Mascie-Taylor（2014）分析了英国夫妻教育与社会阶层匹配对生育的影响，发现丈夫与妻子的社会阶层和生育率之间显著相关。其中，丈夫每上升一个社会阶层，家庭平均多生育 1 个孩子，妻子则为 0.65 个。

4. 婚姻匹配的中介作用

许多学者认为，生育研究不应该只着重于女性的特征，伴侣双方的共同作用才是真正影响生育行为的关键因素（Esteve et al.，2012）。有趣的是，老一辈生育研究学者认为，女性对生育的影响往往更大，而年青一代的研究结果表明，伴侣双方对生育的影响几乎是相同的（Stein et al.，2014）。

婚姻匹配的不同形式，在不同阶段体现出差异化特征。例如，在男性垄断资源的传统社会中，"向上婚"是女性一种比较常见的择偶策略。相较于其他婚姻匹配模式而言，"向上婚"可以为生育和抚养子女提供最优质的环境。究其原因，与经济社会发展的不同阶段有关。在传统社会中，男性的受教育程度普遍较高，可以享有良好的劳动力市场条件，与此同时，受过高等教育的男性失业率低且工资较高。反观女性，由于市场对女性劳动力的需求量较低，一旦步入婚姻，女性留在家里的机会成本也较低，可以致力于家务劳动和照顾子女。

家庭是人类社会的基本单元，而婚姻是家庭形成的重要前提，对于传统社会中的女性而言，与社会阶层地位较高的男性结婚，可以有效增加子女的生存机会。然而，随着时间的推移，婚姻匹配的阶层演变发生了明显变化，在社会财富与地位不再高度分层的现代社会中，女性与男性可以获得同等的社会资源，在教育、工作、收入获得方面，夫妻之间的相似性比差异性更大。在此背景之下，"向上婚"逐渐式微，"同质婚"占比日益提升。

近年来的研究发现，人们更倾向于与受教育程度相似的人结为夫妻（Katrňák，2008；Schwartz & Mare，2005；Smits et al.，2000），甚至和年龄相比，教育的影响程度更大（Nielsen & Svarer，2009）。一项国家儿童发展研究显示，59% 的婚姻由受教育水平相当的男性与女性组成（Mascie-Taylor，1987）。另一项英国的研究表明，在 42.5%~75.0% 的家庭中，丈夫和妻子的受教育水平相同，还有许多其他国家的研究结果也如此（Katrňák et al.，2006；Mare & Schwartz，2006；Tsou et al.，2011；Huber & Fieder，2011）。目前的研究中，有相当多的证据表明配偶双方在受教育程度上是相似的，比例大概占到 61.6%。此外，在 38.4% 学历水平不相同的伴侣之中，女性"向上婚"的比例（24.3%）明显高于男性（14.1%）（Krzyżanowska & Mascie-Taylor，2014）。

以上研究证据表明，受教育程度会影响收入与职业，而女性一方的受教育程度同样会影响其伴侣的特质。如在男性垄断资源的传统社会中，"向上婚"是女性一种比较常见的择偶策略。然而，随着时间的推移，"向上婚"逐渐式微，"同质婚"占比日益提升。由于生育并非女性单方面的行为，而是由丈夫和妻子共同决定的，因此，女性受教育程度可以通过影响婚姻匹配，从而对生育意愿及其实现产生影响，由此便形成了中介作用。

（四）其他影响生育意愿及其实现的因素

1. 生育政策

与其他国家不同的是，在我国，长久以来实行的计划生育政策对生育意愿的影响巨大。回顾生育政策的演进过程，我国计划生育政策的全面实施开始于 20 世纪 70 年代初期（1973 年），"晚、稀、少"（即晚婚、晚育、少生，拉开生育间隔）的弹性生育政策拉开了计划生育的序幕；1980 年后，计划生育政策进入了最为严厉的历史时期，"提倡一对夫妇只生一个"的独生子女政策刚性规定了妇女生育的上限；到了 1984 年，计划生育政策出现了一定缓和，为缓解农村地区生产生活矛盾，原本的生育政策修改为农村地区的"一孩半政策"（即第一胎为男孩的不能继续生育；若第一胎是女孩，可以生育二孩）。

1990 年后，全国各省（区、市）逐步实施了"双独二孩"政策（即夫妻双方均为独生子女的可以生育第二孩）。21 世纪以来，又有 6 个省（区、市）的农村地区（包括云南、青海、海南、宁夏回族自治区、新疆维吾尔自治区和西藏自治区）相继实施了农村普遍二孩政策。至此，我国计划生育政策可以总结为：城镇地区"一孩"政策、农村地区"一孩半"政策、"双独人群"和部分省（区、市）允许生育二孩，以及适当放宽少数民族地区生育的计划生育政策基本面（原新，2016；石人炳等，2020）。

在 2013 年之后，我国计划生育政策开启了宽松化的历史进程。大概分为三个阶段：第一阶段，2013 年 11 月 12 日，党的十八届三中全会决议的通过标志着"单独二孩"政策（即夫妻一方为独生子女即可生育第二孩）正式施行；第二阶段，2015 年 10 月 29 日，党的十八届五中全会明确提出了"全面实施一对夫妇可生育两个孩子政策"，即"全面二孩"政策，同年

12 月 31 日，中共中央、国务院发布决定，标志着中国正式进入"全面二孩"生育时代（宋健，2021）；第三阶段，2021 年 5 月 31 日，中共中央政治局召开会议，提出"实施一对夫妻可以生育三个子女政策及配套支持措施"，同年 8 月 20 日，全国人大常委会表决通过了修改人口与计划生育法的决定，从人口计生法的角度进一步夯实"三孩"政策（张翼，2021）。表 1-3 将我国生育政策的演进过程进行了简单归纳。

表 1-3　我国生育政策的演进过程

时间	生育政策
1973 年	"晚、稀、少"（即晚婚、晚育、少生，拉开生育间隔）生育政策
1980 年	"提倡一对夫妇只生一个"的独生子女生育政策
1984 年	农村的生育政策由"一孩"转变为"一孩半"
1990 年后	各省（区、市）逐步实施了"双独二孩"生育政策
2013 年	"单独二孩"生育政策
2015 年	"全面二孩"生育政策
2021 年	"三孩"生育政策

资料来源：根据我国生育政策的演进过程整理。

　　回顾我国的生育政策，无论是 20 世纪 80 年代前后开始实施的严格限制生育的人口政策，还是最新出台的"三孩"生育政策，本质上都是在一定范围内对生育行为予以限制，对人们生育意愿的影响是刚性的。在生育政策的长期影响之下，人们的生育意愿与所形成的社会认知之间难免产生距离。因此，目前我们所谈论的生育意愿，更多是在"现行"生育政策之下的生育意愿，而非可以直接与国外对话的、一般意义上的、不受任何约束条件限制的生育意愿。或者说，目前我们所探讨的是"0~3 孩"有限范围内人们的生育意愿，而不是完整意义上的、不受任何限制的"0~n 孩"的生育意愿（风笑天，2017b）。

　　完整意义上的生育意愿，只有在社会形成不受任何限制、完全放开甚至鼓励生育的人口政策，人们处于一种完全自愿、自发、自然的心理状态时才能实现。以目前的生育政策演进过程来看，我国之后的生育意愿调查结果会愈加可靠地反映社会现实。

2. 其他影响生育意愿及其实现的因素

综合国内外的相关研究，除受教育程度、婚姻匹配以及生育政策以外，影响女性生育意愿满足的因素非常之多。首先，是女性自身所拥有的资源状况，诸如财务状况（周晓蒙，2018）、代际支持（吕碧君，2018）、是否拥有住房（杨克文，2019）等抚育资本方面；其次，是女性的主观感知，包括子女性别偏好（侯佳伟等，2018）、实际家庭地位（田艳平等，2018）与婚姻满意度（向栩等，2019）等方面；再次，是社会资源的匹配，比如是否对职业发展造成影响（杨菊华，2019）、教育质量（王英等，2019）、社会保障（康传坤、孙根紧，2018）等；最后，是社会关系网络，比如亲朋好友的生育观念，以及自身生育意愿与行为的碰撞和变动（Keim et al.，2013）。种种因素都会对女性生育意愿的实现造成影响。

目前，在全面放开三孩的政策背景之下，认清生育意愿与生育行为之间的关联与差异，是把握我国未来人口发展形势的关键一环，而从生育意愿到生育行为是一个序次变化的过程（Miller & Pasta，1995a，1995b）。因此，除考察影响女性生育意愿的因素之外，还应对从生育意愿到生育行为转化过程的影响因素加以考察。

一方面，来自公婆及父母长辈的家庭支持（Yoon，2017）、对夫妻生育养育过程的社会支持（Lois & Arránz Becker，2014）、生育配套政策的完善与落实（杨雪燕等，2021a）、鼓励新型工作模式（曹艳春，2017）等因素均对育龄妇女由生育意愿向生育行为的转化起到积极作用。另一方面，城乡及区域人口流动（薛君，2018）、婚姻年龄推迟（李月、张许颖，2021）、政策配套不完善（刘丰、胡春龙，2018）等方面均会在不同程度上阻碍生育意愿向生育行为的转化过程，导致生育意愿与生育行为的脱节以及实际生育水平的下降。

四　需要进一步研究的问题

我们通过对国内外相关文献的梳理发现，目前学界对于高学历女性生育意愿的实现困境问题做了十分有益的探索，但从总体来看，国内关于生育意愿及其偏离的原因探究方面依旧稍显薄弱。综合我国的人口形势，总和生育率低于更替水平已持续超过30年，出生人口除2016年明显增长之外，随后出现"四连降"（杨菊华，2021）。最新公布的"七普"数据更加触目惊心，总和生育率已降至 1.3，进入国际人口学界所划分的最低或极低生育率阶段（乔晓春，2021）。

人口出生率降低、老龄化程度加深、劳动力供给不足等现象，不仅给我国的经济发展带来了一系列的挑战，也可能使中国在今后的发展中失去人口总量与均衡的红利。作为与生育水平密切相关的因素，在"高等教育女性化"现象逐渐普遍的背景下，高学历女性生育意愿实现困境问题理应受到足够关注，这也是下一步需要深入探讨的问题。

第一，目前关于生育意愿实现困境的成因探索稍显薄弱。从数量上看，我国关于生育意愿的文献可谓十分丰富，但大多数学者只关注生育意愿向行为转化的某一步，而非纵向全过程的考察。比如，有些研究关注"理想"与生育意愿之间的偏离，有些则关注"打算"与"计划"之间的偏离，抑或关注"理想"与"实际"生育行为之间的偏离，很少有文章同时涵盖生育意愿到行为之间的全部环节，包括对理想、计划、行为等全过程的考察。本书使用 2017 年全国生育状况抽样调查数据，从多个维度对生育意愿进行划分，力求对生育意愿与行为的不同指标进行纵向对比，重点考察高学历女性从生育意愿到实际行为落地不同层级之间的具体"损耗"过程。

第二，高学历女性群体具有特殊性，但研究对这方面重视程度不够。我国关于生育意愿影响因素的研究成果颇为丰富，宏观、中观、微观均有详细阐述，但女性受教育程度作为影响生育意愿的重要维度，在实证研究中却往往被当作控制变量处理，很少作为核心自变量纳入模型之中。这种操作方式在一定程度上削弱了受教育程度在生育意愿研究中的重要性，很难深入探究两者之间的关系。随着"高等教育女性化"的逐渐普及，从生育意愿到实际生育行为的转化过程必然会受其影响。本书以高学历女性群体为研究对象，除了探究学历与生育意愿之间的关联外，将重点放在对生育意愿实现过程的影响因素分析方面。

第三，从婚姻匹配视角出发的生育研究相对有限，研究深度有待挖掘。作为一个普婚普育的国家，婚姻在我国往往是生育行为发生的前提。国外有关婚姻匹配对生育影响方面的研究成果颇丰，夫妻之间的相对地位对生育意愿的影响，已经得到相当程度的重视。反观我国，却很少将婚姻匹配与生育二者联系到一起，研究者多从单方面的女性角度切入，而较少将丈夫纳入生育意愿研究范畴，考察婚姻匹配与生育之间的重要关联。

第三节　生育意愿实现困境：理论逻辑

一　邦戈茨低生育率理论模型

（一）邦戈茨低生育率理论模型的诞生背景

无论在欧美还是亚洲国家，生育意愿与行为之间的差距由来已久。自20世纪60年代之后，欧洲特别是西欧国家人口的婚姻、家庭和生育行为模式出现了一系列革命性的变化，具体表现形式有超低生育率的出现、生育水平由少生转向不生、婚育之间的联系逐渐断裂、从婚内生育到非婚生育的流行、不婚率的上升与离婚率的迅速提高、婚姻推迟日益普遍、同居行为逐渐被社会认同甚至成为流行的生活模式等。

以上种种变化表明，新的婚姻、家庭以及生育模式已经在欧美大多数国家确立，甚至成为主流，婚育模式从传统型向更加自由多样的现代型转变。与此同时，欧洲人口的变化完全超出了经典人口转变的分析框架，从"高出生率、高死亡率、低自然增长率"向"低出生率、低死亡率、低自然增长率"转化（吴帆、林川，2013）。面对在新的历史条件下出现的人口新变化，20世纪80年代 Lesthaeghe 和 Van de Kaa（1986）提出了"第二次人口转变理论"，试图将欧洲国家的婚姻形成、家庭结构以及生育行为的变化进行概括与阐述，在此基础之上，解释变化背后的作用机理与影响因素。

在"第二次人口转变"的新形势下，为解释欧美以及亚洲国家生育意愿与行为的偏差现象，学者们提出了一系列的理论，其中，最著名的是由邦戈茨（Bongaarts）提出的解释生育意愿与行为差异的理论模型（Bongaarts，2001）。在这个模型中，邦戈茨不再以自然生殖力为参照，取而代之的是以意愿生育水平为参考来研究总和生育率，在此基础之上提出了生育意愿与行为偏离的六个影响因素。Morgan（2003）在就任美国人口学会会长的就职演说中重点推荐了这一模型，并对其进行了示范性分析。以公式的方式表达为：

$$TFR=(Fu \times Fr \times Fg) \times (Ft \times Fi \times Fc) \times IP$$

其中：

TFR 代表总和生育率（Total Fertility Rate），Fu 代表非意愿生育（Unwanted Fertility），Fr 代表替补效应（Replacement Effect），Fg 代表性别偏好（Gender Preferences），Ft 代表进度效应（Tempo Effect），Fi 代表不孕效应（Infecundity），Fc 代表竞争效应（Competition），IP 代表意愿生育数（Intended Parity）。以上低生育率理论模型主要以乘积的形式表示，其中，各项使 TFR 升高或降低的因素分别以大于或小于 1 的效应乘数值（F）表示。

在不同的人口转变时期，不同因子效应的影响方向和趋势有所不同。首先，在人口转变的前期和中期，前三项因子——Fu 非意愿生育、Fr 替补效应和 Fg 性别偏好，往往会使女性生育更多子女，致使实际生育行为高于生育意愿。其次，在人口转变的后期，后三项因子——Ft 进度效应、Fi 不孕效应、Fc 竞争效应往往会抑制实际生育水平，致使实际生育行为低于生育意愿（郭志刚，2008）。

（二）理论模型的本土化阐述及与受教育程度之间的关联

作为一个专门为研究低生育水平而设计的新模型，低生育率理论模型的研究视角与经典的人口学模型之间有着很大区别。其一，关于生育的参照从自然生育力转变为生育意愿；其二，影响因素不仅包含抑制生育的因素，也包含提升性因素。总体而言，当提升性因素的总影响（因子连乘积）大于抑制性因素的总影响时，实际生育水平往往高于生育意愿，反之则实际生育水平低于生育意愿。这一理论的发展为解释生育意愿与行为之间的偏离现象提供了新的研究思路。该模型在发布之初，处于理论模型向实证研究的转变过程之中。郭志刚（2008）利用发展的模型进一步解释了中国的低生育水平，并对六项因子作了本土化的阐述，具体而言如下所述。

第一，非意愿生育。

非意愿生育主要指个人主观上不想要的生育。在转型前的传统社会之中，生育意愿与实际生育水平都很高，因此非意愿生育较少。然而，在后人口转变时期，非意愿生育的占比提升明显。这种上升主要由于理想家庭规模的下降。与此同时，由于无法获得有效的避孕措施、害怕副作用以及丈夫及其他人反对等原因，避孕与人工流产等措施未能得到广泛而有效的使用，这也导致实际生育行为超过生育意愿，非意愿生育水平上升。

从非意愿生育与受教育程度的关联性看，虽然非意愿生育对生育水平主要起提升作用，但在避孕与节育广泛普及的今天，它的影响力已经显著降低。尤其对于受过高等教育的女性而言，非意愿生育的可能性更低。前人的研究结果表明，高学历女性群体往往对节育有更积极的态度，同时掌握更多的现代避孕知识，因此在避孕和生育选择方面比受过较少或未受过教育的妇女拥有更大的自主权（Krzyżanowska & Mascie-Taylor，2014；Kravdal & Rindfuss，2008）。

第二，替补效应。

替补效应主要指为了弥补子女死亡而进行的生育行为。关于婴儿死亡率影响生育水平的机制，达成共识的结论主要有两点。一是"哺乳期中断"效应，认为由于母亲排卵间隔的中断，相比于婴儿存活的母亲，有死亡婴儿的母亲怀孕的可能性更大；二是替补效应，即为了实现理想中的子女数量，女性可能会生育更多的孩子以弥补婴儿死亡造成的缺失。与非意愿生育相同的是，替补效应对生育水平的提升作用正在减弱。近几十年来，全球婴儿和儿童死亡率急剧下降，预计未来还有进一步下降的空间。在后人口转变的社会中，通常只有1%~2%的新生儿在成年前死亡，因此替代生育现象很少见，只是影响生育率的次要因素（Bongaarts，2001）。

从替补效应与受教育程度的关联性看，在高学历女性群体之中，优生优育知识更为普及。从生育的全过程来看，无论是在孕早期的畸形筛查，还是在产后的婴幼儿护理方面，高学历女性都具有更大优势，这也使得婴幼儿死亡率进一步降低，替补效应发生的可能性更小（Fieder & Huber，2007）。

第三，性别偏好。

一般而言，夫妇在表达生育数量偏好的时候，也会产生对子女性别的构想。换言之，如果夫妻未能实现对子女的性别偏好，即使已经达到理想的家庭规模，仍可能继续生育。在邦戈茨最初的低生育率理论模型中，性别偏好是以提升生育水平的因素存在的，但在中国的表现却有所不同。由于生育政策的限制，妇女实际生育子女数本身已经很少，人们满足性别偏好的方式已经不再是通过多生，而是通过胎儿的性别选择与人工流产来实现。而人工流产行为不仅会减少当年的生育数量，而且在一定程度上破坏了女性的生育力，使生育推迟以及生育间隔进一步加大。因此，对于中国而言，性别偏好这一因素不但不会提升生育率，甚至可能降低生育水平（郭志刚，2008）。

关于性别偏好与受教育程度的关联性，这一点在高学历女性群体中表现略有不同。以往的研究表明，高学历女性对男女平权的认知更加普遍，对子女性别的要求更低，因此性别偏好因素对实际生育行为的影响往往更小（吴帆，2020；宋健、阿里米热·阿里木，2021）。

第四，进度效应。

目前，生育推迟已经成为全世界范围内的普遍现象，而生育推迟会产生生育的进度效应。具体而言，由于生育年龄的后延，时期总和生育率会受到进度效应影响而降低。与此同时，生育推迟也会压缩女性本就有限的生育期，使得终身生育水平有所下降。鉴于此，进度效应一般作为抑制生育水平的因素而存在，是影响生育率的重要原因。

由于女性具有生育年龄的上限，因此生育无法无限期推延。而生育推迟一旦结束，则生育的进度效应可能逐渐缩小甚至消失（石人炳等，2020）。正如邦戈茨所预测的那样，生育推迟的现象可能持续几十年，但最终会停止。到那时，进度效应对生育率的抑制作用可能消失，该因素对实际生育水平的影响将是另一番场景。

关于进度效应与受教育程度的关联性，结合女性受教育程度来看，学历更高的女性，往往意味着求学的时间更长，这也从客观上导致了结婚与生育的推迟，进而对生育意愿以及实际生育行为产生影响（刘章生等，2018）。

第五，不孕效应。

现代社会生育节奏加快，社会竞争加剧，加之自然环境变化，种种因素增加了人们的生理和心理压力。目前，非自愿不孕已成为世界各国普遍存在的问题，而且有逐年上升趋势。细论非自愿不孕的原因，主要包括生理性不孕、病原性不孕、无法找到适当的伴侣以及家庭解体等（Bongaarts，2001）。有研究发现，随着新一代已婚妇女不孕风险的明显提高，非自愿不孕将困扰越来越多的育龄妇女，成为影响生殖健康的重要问题。

从不孕效应与受教育程度的关联性看，在中国普婚普育的大背景之下，女性自愿不孕的比例较低（翟振武、刘雯莉，2020），而受过更高教育的女性群体，生育时间会随在校时间的延长而发生推迟，但推迟与不孕并不能画上等号，因此在具体研究过程之中应该着重区分。

第六，竞争效应。

竞争效应主要指女性由于追求其他方面的生活目标而降低生育意愿，从而降低生育水平。具体而言，竞争性因素包括对学业、事业、收入以及摆脱抚养孩子责任的自由等的追求。在中国的传统社会倾向于多生的社会大环境中，由于奉行"多子多福""母凭子贵"的生育价值观，竞争效应几乎不起作用。

从竞争效应与受教育程度的关联性看，进入现代社会之后，女性逐渐走出家门，与男性接受同等教育，同样参与社会生活，一些高学历女性往往不愿因生育而放弃职业前途与晋升机会，甚至不愿意结婚，更不愿非婚生育子女。与此同时，在市场转型的过程中，抚育子女的成本逐渐加大，多生育子女不仅会影响个人的发展前途，甚至直接影响整个家庭的生活水平，这势必会对实际生育行为产生影响。目前在低生育模型之中，竞争效应对生育意愿的影响逐渐加大，像郭志刚说的那样，个人的竞争效应甚至可以使实际生育水平直接降为 0，可见这一因素对生育水平的最终影响之大（郭志刚，2008）。

（三）低生育率理论模型的扩展与局限

低生育理论模型除了包含以上六大因素之外，学者们还根据中国的实际情况进行了一定扩展。首先，中国的生育政策在生育转变的过程中起了明显的抑制作用。从"80后"开始，城市开始出现庞大的独生子女群，同时，多孩率降到极低的水平，这些都是生育政策抑制生育行为的重要表现。其次，出生漏报对于时期总和生育率影响重大。虽然我国生育水平明显低于更替水平这一点已经在学术界达成了普遍共识，但是对于生育率的具体数字一直存在不小的争议，其中，人口普查与抽样调查中的瞒报漏报现象是难以正确估计生育水平的重要原因。以上两种因素均对生育水平起到抑制作用，成为扩展低生育模型，使其更加本土化的重要组成因素（郭志刚，2008）。

邦戈茨低生育率模型的不足之处，主要表现在两个方面：一是模型中的一些参数在实际应用过程中很难得到相关数据的支持，比如非意愿生育与替代效应，因此，在实证分析过程中往往只能从理论意义上分析生育意愿与行为的偏离方向，难以通过具体参数来估计两者的偏离程度；二是无论是总和生育率还是意愿生育水平，模型中均为宏观角度的描述，然而，女性的生育意愿与行为却是个体行为，从宏观层次的分析推到微观层次容易引起"生态学谬误"，从而使估计结果出现偏差。

二　特点—意愿—计划—行为序列模型

（一）特点—意愿—计划—行为序列模型的演变过程

作为生育研究领域的核心议题之一，关于生育意愿与行为之间的互动机制以及生育意愿的形成路径，有大量的理论与实证研究。早在 20 世纪 70 年代，就有学者关注到社会心理因素对生育意愿与行为关系的影响。到了 20 世纪末，从社会心理学角度来预测和解释人类行为的理论便应运而生（吴帆，2020）。其中，最具影响力的要数 Ajzen（1991）提出的计划行为理论（Theory of Planned Behavior）。

作为特点—意愿—计划—行为序列模型的前身，该理论认为，受到社会环境因素的影响，生育意愿与行为之间并非高度一致，往往存在一定分歧，由于人们身处的环境纷繁变化，意愿无法成为导致行为发生的唯一决定性因素。而意愿到行为的实现主要基于三个变量的影响，即个人本身对于行动的态度（Attitude）、在外在压力影响下形成的主观规范（Subjective Norms）和个人有意识的知觉行为控制（Perceived Behavorial Control），其中，知觉行为控制在背景变量与实际生育行为之间起到中介作用，这和意愿在社会心理学行为模型中扮演的角色基本一致。

具体而言，个人本身对于行动的态度是一种观点和认识，包括对生育养育过程中成本与收益的评估。而主观规范，主要指在家庭成员以及社会环境影响之下所形成的具体行为准则，知觉行为控制是指个体所能感知到的现实条件和机会。计划行为理论的最前沿是认识到行为的执行意向（Implement Intention）具有中介作用，它将生育行为分成两部分：第一部分为动机阶段，即受到行为态度、主观规范与知觉行为控制影响所形成的整体行为意向；第二部分是行动阶段，即通过制订具体的行动计划将生育意愿落到实处（茅倬彦、罗昊，2013；Ajzen & Klobas，2013）。

作为社会心理学理论在生育意愿领域的应用，计划行为理论为生育决策研究提供了宏观和微观相结合的视角，即从宏观的角度出发，来解释影响个体层面生育计划与行动的机制。但也有学者对此提出了批评，认为计划行为理论过于强调个人中心主义，个体的行为规范只受自身所感知到的他人的态度与看法的影响。与此同时，该理论以"理性算计"为核心，将生育行为看作一种经过深思熟虑的结果。但是实际经验证据表明，人们的生育行为并非完全按照个人意愿办事，还会受到物质约束和激励的影响，而计划行为理论无法解释该现象，因此存在一定缺陷（吴帆，2020）。

特点—意愿—计划—行为序列模型（Traits-Desires-Intentions-Behaviour Sequence Model）是 Miller 和 Pasta（1993）在计划行为理论的基础之上提出的更适合生育行为决策过程分析的理论框架。该理论具体阐述了生育行为的形成过程，其中，生育行为始于生育动机、态度与偏好，而生育动机又可划分为三组不同层次，分别是一般动机、中间动机和特定动机。一般动机指的是生育与否的一般倾向或是一般的生育态度；中间动机将一般动机具体化，使得人们选择生育或者避免生育；特定动机是指生育的态度与价值观，一旦时机成熟便会转化成生育期望（吴帆，2020）。

生育动机外在表现为生育偏好，在考虑到现实因素的基础之上形成生育计划，在此过程之中，会受到促进或抑制因素的影响，进而最终形成生育结果。Miller 和 Pasta（1993）对生育动机与生育行为之间的三重转换进行了详细阐述。其中，第一步是个人的性格特质转化为生育愿望，此时的生育愿望通常不会导致直接行动；第二步是生育愿望与生育意愿之间的转化，主要基于个人对现实因素的评估与责任履行；第三步是生育意愿转变为实际生育行动，抑或是不生育的结果（吴帆，2020）。

对于生育偏好的影响因素，Miller 和 Pasta（1995a，1995b）进行了详细的分析。根据该理论，从生育意愿形成到计划的过程之中，现实条件对个体社交网络中的重要人物影响最大。除了以上影响因素之外，生命历程事件、家庭背景、情境因素、个人的特质、价值观体系、生育动机等因素也会影响生育计划到行为的实际转化。

对比两个理论发现，二者均对现实条件加以考虑。其中，特点—意愿—计划—行为序列模型中的现实影响因素与计划行为理论中的知觉行为控制概念相同。除了这一点之外，特点—意愿—计划—行为序列模型还将生育偏好与生育计划分开进行对比，不仅将生育意愿看作一个复杂的决策过程，还将其视为一系列因素序次转化的结果（吴帆，2020）。

（二）特点—意愿—计划—行为序列模型的具体步骤

细论特点—意愿—计划—行为序列模型的具体步骤，Miller 和 Pasta（1995a，1995b）提出了从生育意愿到行为的序次结构与作用机制，认为生育从最初的意愿落实到生育行为，主要经历五个步骤，分别为：生育动机→生育意愿→生育打算→生育行为→生育率。除了以上因素之外，Miller 和 Pasta 在后来的理论分析中，还提到了避孕和生育力等因素的影响。与此同时，生育意愿和打算也会受到内外部多种因素的共同作用，并且随时间不断变化而发生调整。具体的影响路径如图 1-1 所示。

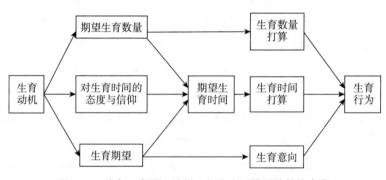

图 1-1　特点—意愿—计划—行为序列模型的具体步骤

特点—意愿—计划—行为序列模型给生育意愿研究做了重要示范，该理论强调，人的生育行为从观念产生伊始到真正落到实处，需要经历复杂的序列决策过程，其中每个环节都有其存在的必要，并且会受到不同因素的影响。如果仅用单一的指标来衡量生育意愿，或者简单把生育意愿等同于生育实际，从而忽略中间的步骤，都会因过度简化而得出错误的研究结论。此后诸多有关生育意愿与行为关系的研究，大多沿用了特点—意愿—计划—行为序列模型的理论分析范式以及多维度测量工具（郑真真，2011）。

（三）特点—意愿—计划—行为序列模型的本土化进程

1. 郑真真：理想子女数→生育意愿→生育计划→生育行为

在特点—意愿—计划—行为序列模型的基础之上，国内学者同样对生育意愿与行为之间的中间环节进行了理论探索。郑真真结合"江苏生育意愿与生育行为研究"课题组于2007年在苏南、苏中、苏北6个县（市）开展的生育意愿与行为的基线调查，以及2010年他对当年的访问者进行的跟踪回访，在详尽的实证研究的基础之上，提出了生育意愿与行为偏离的中国本土化探索。郑真真在研究中指出，育龄妇女的理想子女数、生育意愿、生育计划与实际生育行为之间并非并列关系，而是逐级递减。

具体来看，在非意愿生育影响不大的基础之上，终身生育水平很难超过生育意愿。在生育意愿与实际生育行为之间，还存在生育计划这一中间环节，而通过育龄夫妇的生育计划可以对近期的生育行为进行相对准确的预测。其中，具有明确数量和时间的生育计划更有可能落地，转化成实际生育行为，从而对最终生育数量造成影响。从稳定性角度而言，理想子女数、生育计划与实际生育行为依旧呈现逐级递减关系，理想子女数相对比较稳定，而生育计划的变数明显要大得多。

用简要的公式表示该理论，即理想子女数→生育意愿→生育计划→生育行为。与 Miller 和 Pasta 的特点—意愿—计划—行为序列模型理论相比，郑真真对生育计划的研究更加细化，呈现明显的本土化特征（郑真真，2011）。

2. 杨菊华：生育意愿（生育偏好、理想子女数）→生育打算→生育抉择→生育行为→生育水平

与郑真真观点相似的是，杨菊华同样指出了生育意愿与行为之间偏离的中间环节，并将这种偏离方式和路径总结成生育意愿与行为的"三重悖离"。杨菊华将多个不同的概念划分成三组，分别为生育意愿（包括生育偏好与理想子女数）、生育打算（包括生育预期）和生育抉择。在高生育率的环境之下，非意愿生育出现的可能性较大，生育意愿与打算之间可能存在上行梯度关系，即理想子女数较少，但实际生育子女数却很多。但在后生育转变时代，三组不同的因素可以用下行的梯度关系表示，即生育意愿（生育偏好、理想子女数）>生育打算（生育预期）>生育抉择。

除了上述因素之外，杨菊华还特别强调了介于生育意愿、生育行为及

生育水平之间的两个中间环节，即生育打算和生育抉择，并将这种序次的递进关系总结为：生育意愿（生育偏好、理想子女数）→生育打算（生育预期）→生育抉择→生育行为→生育水平。和郑真真的研究结果相类似的是，各组指标之间存在依次递减关系。

在以上研究的基础之上，杨菊华将生育意愿与行为之间的关系总结为三重悖离：第一重悖离即生育意愿与生育打算之间的偏差，认为生育几个孩子最理想，不等于打算生育几个孩子；第二重悖离即生育打算与生育抉择之间的偏差，打算生育几个孩子，也不表示选择生育几个孩子；第三重悖离即生育抉择与生育行为的偏差，决定生育几个孩子和实际生育子女数之间，依旧存在一定差异（杨菊华，2008）。生育意愿与行为之间存在"三重悖离"，这种悖离关系相互交织、彼此关联，逐步导致生育意原与行为之间的偏离与差异。正如顾宝昌（2011）在研究中所指出的，这一现象为我们研究生育意愿与行为之间的关系提供了更深入的视角。

（四）婚姻匹配对生育意愿及行为的影响

Miller 和 Pasta 在提出特点—意愿—计划—行为序列模型之后的几年，还不断对该理论进行继续完善和补充，并创新性地把夫妻的共同意愿纳入生育分析的框架之中，将原本由女性个人主导的生育决策模式，进一步拓展为夫妻共同决策的理论模型。从夫妻层面来分析生育决策模型，主要包含两方面的特质：首先，个人的生育动机通过特点—意愿—计划—行为序列促进或者抑制生育行为；其次，夫妻基于自身意愿以及个人所感受到的对方的生育意愿，来做出是否生育的决定。两方面的特质结合到一起，构成夫妻二元决策模型（Dyadic Model）。该理论指出，夫妻在形成生育意愿伊始，便不自觉地相互影响，各自基于个人原本的生育意愿以及所感知到的对方的生育意愿，形成自身的生育计划。在夫妻共同整合生育计划之后，便促使实际生育行为的发生。Miller 等（2004）在理论中提出，在夫妻共同的生育决策过程中，有发生分歧的可能性，而夫妻双方往往通过语言或者非语言的形式进行沟通，进而影响对方的生育意愿。而在生育意愿发生分歧时，必然存在一定程度的"权力博弈"，即夫妻生育计划的整合过程，常常与其在婚姻关系中的地位相关。

按照特点—意愿—计划—行为序列模型在夫妻共同决策方面的理论扩

展，夫妻家庭的内部决策模式与个人在婚姻关系中的地位息息相关，而婚姻匹配模式可以很好地体现夫妻间的"权力地位"。因此，书中主要以教育婚姻匹配、收入婚姻匹配和职业婚姻匹配三者对夫妻权力模式进行衡量。

虽然，Miller 等指出了婚姻匹配与生育意愿的关联，但从该理论的效用来看，并未对二者的关联方向与机制做出明确探讨。由此，本书引入了后两种理论，即贝克尔的新家庭经济学与奥本海默的婚姻职业进入理论。

三　贝克尔新家庭经济学理论

（一）新家庭经济学理论产生的历史背景

随着后马克思主义微观分析的出现，经济学家处理问题的范围逐渐缩小。在古典经济学家的观念里，人口和家庭的研究主题经常被忽视。在此背景之下，贝克尔（Becker）认为，家庭成员会在家务和劳动力市场工作之间有效合理地进行资源分配，由此，新家庭经济学理论应运而生（Becker，1960）。作为家庭经济研究及相关人口问题研究的里程碑式著作，《家庭论》被称为"新家庭经济学代表性著作"，而贝克尔本人则被称为"新家庭经济学的领袖"。他在人力资本、时间分配、婚姻、生育、利他主义和代际流动等方面的研究工作，有效推动了微观分析进入经济学领域，将微观经济理论逐渐扩展到家庭行为（Becker，1974）。

贝克尔新家庭经济学的核心要义是，伴侣往往出于效率的原因而使自身角色专业化，而这种专业化战略增强了伴侣之间的相互依存关系，并且有助于提升个人的婚姻价值（Becker，1974）。在新家庭经济学框架内，贝克尔认为男性和女性在家庭和市场活动之中具有不同的比较优势，婚姻可以被看作两性之间的契约，即女性在家庭活动中交换她们的"专业知识"，而男性则交换他们的收入和市场活动。

从生物学意义上来说，女性不仅有生育及养育孩子的义务，还有照料孩子的义务及能力。相比而言，男性照料子女的先天优势较少，而把更多的时间和精力花费在提供衣食住行等其他活动中；从人力资本投资意义上看，女性将绝大部分时间用于有关家庭生产的活动中，而男性则主要用于提高劳动力市场效率方面。相比女性而言，男性往往拥有更高的收入潜力，家庭中的性别分工源于男女两性的生理差异和比较优势（Becker et al.，1990）。

在不同的理论研究中，贝克尔的侧重点有所不同（Becker，1974）。比如，在家庭时间配置理论方面，贝克尔力图保持性别中立，认为一个更有时间效率的家庭应该在伴侣之间进行专业化，市场时间价值高的成员应该主攻市场方面的专业化，而在家务劳动方面，时间价值高的成员应该将更多的精力投入家务劳动。但在家庭内性别分工理论中，贝克尔主要从生理优势和人力资本投资两个角度进行论证。综合以上观点，贝克尔认为，已婚女性在家庭活动中拥有先天优势，而男性在劳动力市场中的优势较大，因此男女两性在家庭和市场不同领域进行分工是使婚姻效用最大化的最优配置（Becker et al.，1990）。

（二）新家庭经济学理论中关于婚姻匹配对生育的影响

对于儿童抚养问题，贝克尔将年幼的子女比作时间密集型的"商品"（Becker et al.，1990）。母亲作为传统意义上的照料承担者，虽然有部分市场商品或服务可以在一定程度上代替其照看孩子（比如日托服务和临时照料等），但是这些替代性服务往往经济成本过高，并且难以寻找合适的替代性安排（比如服务质量、时长、具体安排等）。因此，女性投入劳动力市场的可能性往往与子女人数成反比。当女性参与社会劳动的可能性增大时，生育的机会成本也同时提高，这会导致家庭总生育数的减少。

与此同时，贝克尔认为，对于父母来说："儿童的价格随着父母收入的上涨而上涨。"如果父母拥有更多的社会经济资源，增加一个子女会导致家庭费用越来越高。这主要有两方面原因：一是有更多资源的父母一般会对儿童进行更多的投资，二是拥有高人力资本的母亲在抚养孩子时会付出更高的机会成本。以教育婚姻匹配为例，这意味着受过高等教育的夫妇更不愿意生育，或者可能会对第一个孩子的出生时间产生影响。如果父母希望提高子女质量而投入更多资源，他们往往会推迟第一次生育的时间，以便在子女出生之前有足够的物质积累（Becker，1974；Becker et al.，1990）。

根据贝克尔的专业化模型，可以区分两种类型的影响，这两种影响驱动了收入潜力与生育率之间的关系，即价格效应与收入效应（Becker，1974；Becker et al.，1990）。价格效应主要针对伴侣中专门从事家庭活动的一方，传统意义上为女性，因为较高的收入意味着更大的机会成本；而收入效应是针对专门从事劳动力市场活动的伴侣（通常是指男性）的收入潜力与生育率之间关系的特征，因为较高的收入可以使他们负担得起更多子女的养育。

伴侣之间价格效应与收入效应的平衡可能会产生一种有效的家庭模式，这对于生育而言是很有利的（Becker，1974；Becker et al.，1990）。换言之，如果女性的收入潜力低于其伴侣，该婚姻匹配模式将有利于生育。著名的微观经济理论预测了夫妻匹配与生育之间的性别差异：相对女性而言，收入的影响与男性有更积极的关联。因此，夫妻双方为传统的性别分工的家庭环境更有利于生育。

四　奥本海默的婚姻职业进入理论

（一）婚姻职业进入理论的诞生背景

随着女性人力资本的增加及劳动参与率的提升，贝克尔本人也承认，劳动分工可能会逐渐与性别角色分离，即"丈夫将更擅长家务劳动，半数婚姻中的妻子会从事市场活动，而另外一半则相反"。在传统的理论预测中，传统的性别分工被认为更有利于生育，至少在过去是这样（Oppenheimer，1994，1997）。但是最近几十年的发展预示着，双收入家庭模式，即伴侣共同收入模式可能比贝克尔的专业化模式更有利于生育。换言之，专业化家庭模式不一定建立在传统的性别角色之上，伴侣之间收入潜力相平衡可能更加有利于生育。

与贝克尔对传统婚姻匹配模式的推崇相反，在现如今结婚率普遍下降，婚育推迟逐渐流行的大背景之下，美国人口学家和社会学家瓦莱丽·奥本海默（Oppenheimer，1994，1997）撰写了一系列文章，着重强调了男性的社会经济地位在人口转变过程中的重要作用。

在奥本海默开始撰写有关男性经济地位如何影响婚姻形成的文章之时——20世纪80年代末和90年代初，这通常不是最流行的想法。学界关于结婚率下降和离婚率提升通常是从"婚姻侵蚀"的角度进行分析，这种侵蚀通常有两种不同的解释方向。第一种解释是将妇女作为日益强化的经济作用之下的"罪魁祸首"。在奥本海默看来，这与经典社会学理论有很大的相似之处。以帕森斯（Parsons，1949）为代表的结构功能主义认为，男女的经济角色更加对称，即女性经济地位提升会导致婚姻收益的下降，从而破坏婚姻团结。第二种解释认为，婚姻的衰落与价值变化相关，特别是与个人对婚姻的自主权提升直接相关。在第二次人口转变理论中，Lesthaeghe 和 Van de Kaa（1986）认为，思想上的变化与世俗化相结合，不仅促使婚姻推迟发生，还推动了同居率的提高、离婚率的上升以及生育率的下降。在以上两种解释中，第一种解释看到了经济在人口转型中的引擎地位，第二种解释则强调了文化变革的重要作用。然而，这两种理论都对婚姻的未来持有悲观态度：第一种解释认为婚姻与愈加平衡的性别角色并不相容，第二种解释认为婚姻与个人主义价值观并不相容。

（二）婚姻职业进入理论的内涵

在 20 世纪 80 年代和 90 年代，年轻人在美国的经济地位发生了剧烈变化，尤其是那些受教育程度低的人。在年轻人普遍贫穷和越发不确定的经济背景当中，奥本海默看到了导致婚姻衰落的重要因素。如果说早期的婚姻理论更多是在关注女性，特别是关于女性经济独立问题的争论，那么奥本海默则更多侧重于男性，实际上是在"把男性带回辩论"。在前人研究的基础之上，奥本海默提出了另一种婚姻家庭形成的理论方法，即婚姻职业进入理论（Career-Entry Theory of Marriage），用以质疑贝克尔的专业化和交易模式。该理论主要强调，夫妇双方在结婚之前都应有各自的职业和相对独立的经济条件，女性的受教育程度、自致性社会经济地位以及个人的职业发展，逐渐取代传统社会中相貌、家庭背景等因素，成为进入婚姻的评判标准。考虑到妇女经济独立性的增强，奥本海默认为这更加符合美国的社会现实。婚姻职业进入理论强调，双方皆有收入的夫妻更容易通过汇集资源来适应劳动力市场的挑战。这意味着受过高等教育的配偶会获得更多的资源且未来经济稳定，在此情况之下，更有可能生育（Oppenheimer，1994，1997）。

此外，在资源不平等的夫妇中，多生育一个孩子的经济和情感机会成本可能更高，与伴侣双方都为家庭收入做出贡献，或有很大潜力为家庭收入做出贡献的情况相比，在孩子出生后失去全部工资，将会给家庭带来更大的经济负担。奥本海默认为，鉴于全球化世界中的结构变化，伴侣之间的资源集中是一种比专业化更有效的家庭模式，夫妻双方皆有收入的情况，可以更容易地通过集中他们的资源来适应劳动力市场的挑战，因此他们的情况更适合生育子女（Oppenheimer，1994，1997）。

最近几十年的实证研究告诉我们，双收入家庭模式即伴侣共同收入模式可能比贝克尔的专业化模式更有利于生育。然而，情况是否如此，依旧是一个没定论的问题。由于生育的研究往往倾向于关注伴侣中的个人，而社会经济资源与生育率之间的联系在男女两性之间可能并不相同。只关注伴侣一方会导致不明确甚至误导性的结果。

第二章　调查样本与研究设计

第一节　数据来源与样本选择

一　数据来源

本书研究所使用的数据来源于 2017 年国家卫生和计划生育委员会（现国家卫生健康委员会）组织实施的全国生育状况抽样调查。该调查实施于 2017 年 7 月 1 日零时，调查中采用了分层多阶段与规模成比例的概率抽样方法，分三阶段确定抽样框（庄亚儿等，2018）。调查地点共包含全国 31 个省（区、市）和新疆生产建设兵团，其中涉及 2737 个县（市、区）的 6078 个乡（镇、街道），共 12500 个村（居）级样本点，调查女性人口约 25 万人。

调查内容包括女性的个人信息、生育行为与生育意愿，丈夫的相关信息，生育养育服务，影响生育状况的主要因素等不同方面。根据以往的学术界划分，生育行为包含数量、时间和性别三个维度（顾宝昌，1992）。依据以上划分标准，2017 年全国生育状况抽样调查针对女性理想子女的数量和性别、打算生育子女的数量和性别以及生育下一个孩子的具体时间安排依次展开。而生育意愿的调查范围，主要针对未婚、初婚、再婚以及有同居伴侣的 15~49 岁育龄妇女，共计 19 万人左右。调查中所获得的生育状况数据，如平均理想子女数、打算生育数、生育计划以及实际生育行为不仅可以代表各省（区、市），而且对全国育龄妇女的生育状况也有较强的代表性。

关于 2017 年全国生育状况抽样调查数据的选取与使用，有以下三点需要加以说明。

第一，该调查数据包含比较全面的女性个人信息及生育相关变量（比如生育时间与数量、理想生育子女数、打算生育子女数、生育计划）。本书的研究目的是探究高学历女性生育意愿实现困境与相应支持性政策的构建，需要用到女性受教育程度以及生育相关数据。该调查数据提供的调查样本与本书的研究主题恰好相符。

第二，调查涵盖了较为完整的丈夫个人信息，在女性个人信息的基础之上，可以共同构建婚姻匹配变量，具体包括教育婚姻匹配、收入婚姻匹配、职业婚姻匹配等。就数据的新鲜度来说，自 2019 年的全国生育状况抽样调查数据发布之后，2017 年的数据便稍显滞后，但这两个年份的调查重点并不相同。具体而言，2019 年的数据侧重于生育养育服务以及婴幼儿的照料方面，调查中并未涉及丈夫的任何个人信息，而 2017 年的数据却完整包括这些数据。因此，想要探究婚姻匹配对高学历女性生育意愿及其实现的影响，2017 年的全国生育状况抽样调查数据便成了最佳选择。

第三，综合以往生育意愿实现困境，即生育意愿与行为偏离的相关研究，要么调查的样本规模不够，无法推广至全国；要么对生育意愿的询问方式过于笼统，无法区分理想生育子女数、打算生育子女数以及具体生育计划之间的区别，以致无法考察生育意愿实现程度；要么时间过于久远，无法反映"全面二孩"政策实施以来生育意愿发展的新变化。2017 年全国生育状况抽样调查最大范围地解决了以上问题，作为为数不多的同时包含以上研究要素的全国性生育调查数据，正好与本书的研究主题契合。

二　调研对象

（一）聚焦育龄期女性

2017 年全国生育状况抽样调查的调查对象为现住中国大陆的 15~60 岁中国籍女性人口，即 1957 年 7 月 1 日至 2002 年 6 月 30 日出生的女性。由于人类有天然的生育年龄上限，本书主要聚焦其中 15~49 岁育龄期女性，按照年龄队列划分为生育旺盛期（20~39 岁）与基本完成生育期（40~49 岁）。划分依据为以下两点。

第一，已婚育龄女性的年龄跨度。在中国，育龄女性的公认年龄跨度在 15~49 岁。在历届人口普查中，国家统计局将 15~49 岁作为育龄女性的调查范围，学术界一般也将此作为育龄女性的界定范围，对其生育意愿或行为等因素加以考察。本书主要以已婚育龄女性为研究对象，而我国《婚姻法》规定男性结婚年龄不能低于 22 周岁，女性不低于 20 周岁。因此，从《婚姻法》角度出发，育龄女性的最低年龄应该为年满 20 周岁。综合以上观点，本书将 20 岁作为已婚育龄女性的起点年龄，终点年龄依旧是 49 岁不变。

第二，年龄队列的划分依据。首先，从人的生理规律来看，是否有生育能力是女性能不能生的前置条件。女性的生育能力有高峰有低谷。就具体过程而言，女性在第一次月经之后完成排卵，从而具有生育能力，开始漫长的生育期；于 50 岁前后停经并停止排卵，之后丧失生育功能。其次，从个人生命史角度来看，不同出生队列的女性在成长过程中具有不同的时代烙印。因此，不同时代女性的生育意愿及其实现过程，其背后映射的是复杂的时代变迁，比如经济社会发展、生育政策变动以及技术的革新与演变等。考虑到女性的生育年龄上限，以及队列在生育问题研究中的特殊性，参照前人的研究成果（孙晓霞、于潇，2021；杨成钢、孙晓海，2020；王金营等，2019；侯力，2018；姜全保等，2018），本书将已婚育龄女性划分为生育旺盛期（20~39 岁）与基本完成生育期（40~49 岁）两组。通过年龄队列的区分，考察不同世代女性生育意愿及其实现的特征及差异。

（二）聚焦高学历女性

学历（或称受教育程度）是指人们在教育机构中接受科学文化教育和技能训练的学习经历，经教育行政部门批准，以实施学历教育、有国家认可的文凭颁发权力的学校及其他教育机构所颁发的学历证书为凭证（董云川等，2012）。本书根据研究需要，将女性学历主要划分为"小学及以下""初中""高中""大学专科""大学本科及以上"五类。根据既往研究经验（高惠蓉，2010；杜学元，2003），本书将大学专科及以上学历女性界定为高学历女性。

第二节　分析框架与研究方法

一　分析框架

本书通过系统梳理文献，构建了高学历女性生育意愿实现困境与支持性政策构建研究的分析框架（见图 2-1）。

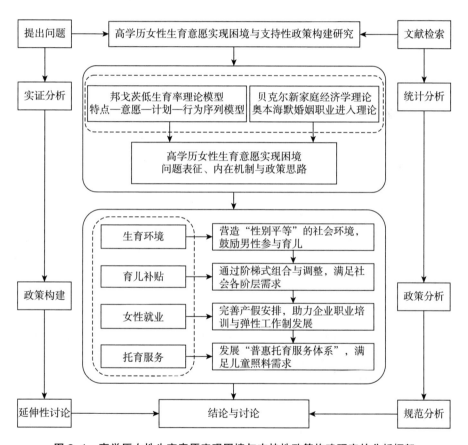

图 2-1　高学历女性生育意愿实现困境与支持性政策构建研究的分析框架

首先，从行文结构上看，本书围绕生育意愿的研究现状、生育意愿与行为之间偏离问题的相关研究、女性受教育程度与婚姻匹配对生育意愿及其实现的影响等国内外相关文献进行综述，梳理出问题脉络与架构。

其次，对邦戈茨低生育率理论模型、特点—意愿—计划—行为序列模型、贝克尔的新家庭经济学理论与奥本海默的婚姻职业进入理论加以阐述，为研究高学历女性生育意愿实现困境奠定理论基础。

再次，构建实证分析模型，分别从高学历女性生育意愿实现困境的现实表征、理想与打算生育意愿偏离、打算生育意愿与生育计划偏离以及生育意愿与生育行为偏离等不同方面，阐述高学历女性生育意愿及其实现之间的关系。在此基础上，阐明高学历女性生育意愿实现困境的问题表征、内在机制与政策思路。与此同时，还将婚姻匹配变量纳入模型之中，考察在教育、收入、职业等不同婚姻匹配模式下，女性受教育程度与生育意愿及其实现之间关系的变化。

最后，从生育环境、育儿补贴、女性就业、托育服务四个方面，对高学历女性生育意愿实现困境的解决提出对策建议，并立足我国生育意愿研究的现实背景与基本国情，做延伸性讨论。

二 研究方法

（一）描述性统计分析

本书主要使用定量研究方法，分析高学历女性生育意愿实现困境问题。定量研究方法是对可以量化的事物进行测量和分析，从而实现假设检验的分析方式，主要包括描述性统计分析和推断性统计分析两个部分（风笑天，2017c）。根据本书的研究主题，描述性统计分析主要包括单变量分析、交叉表分析等。通过描述性统计分析可以呈现样本的总体特征，为判断是否需要进行推断性统计分析做准备，同时，为进一步挖掘数据奠定必要基础。

（二）推断性统计分析

（1）Logistic 回归分析

作为一种多变量的分析方法，Logistic 模型主要考察的是多种影响因素（X）与分类性因变量（Y）之间的关系。按照因变量取值的不同，Logistic 模型可以分为 Binary Logistic，Ordered Logistic，Multinomial Logistic，等等。具体而言，当因变量为二分类的虚拟变量时，一般使用二元 Logistic 模型，即 Binary Logistic；当因变量为有序分类变量时，需要采用序次回归模型，即 Ordered Logistic；当因变量为无序多分类变量时，一般采用多元回归模型，即 Multinomial Logistic（唐启明，2012）。鉴于本书的研究需要，主要采取 Binary Logistic 和 Multinomial Logistic 两种回归形式。

（2）KHB 分解法

Logistic 回归模型在社会科学领域的使用已经得到学术界的普遍认可，为了对嵌套模型中的 Logistic 回归系数进行比较，Winship 和 Mare（1984）提出可以把不同模型的系数估计值根据 y* 标准差重新整合，即"y* 标准化"法。后来，Karlson 等（2012）又提出了一种新的解决方式，即"KHB"分解法。该方法主要阐述了 Logistic 模型在控制变量纳入之后回归系数的变化，大体分为两个部分：第一个部分为"混杂效应"，即自变量系数受到增加控制变量的真实影响，这和一般线性回归模型中控制变量纳入之后的系数变化大致相同；第二个部分为"标尺改变效应"，即自变量系数受到由增加的控制变量所导致的模型潜在因变量测量尺度变化的影响，与一般线性回归模型相区别，为 Logistic 模型所特有（许琪，2016）。

本书主要在分析婚姻匹配对生育意愿及其实现的影响时运用 KHB 分解法。通过该方法，可以清楚地看到女性受教育程度在教育婚姻匹配、收入婚姻匹配和职业婚姻匹配纳入时各个维度的净效应，从而规避将 Logistic 不同模型及样本之间的系数进行直接比较时可能犯的错误。通过不同嵌套模型之间的 KHB 分解结果对比，可以对女性受教育程度的效应进行归纳，进而分析不同嵌套模型中的差异与特征。同时，从稳健性检验的角度来看，也可以提升实证研究的可信度。

三 变量操作化

（一）因变量

从因变量维度来看，本书主要关注理想生育意愿、打算生育意愿、生育计划与实际生育数四组变量。其中，理想生育意愿的设问方式为："您认为一个家庭有几个孩子最理想？"答案为 0~10 的连续性变量。打算生育意愿的设问方式为："您打算生几个孩子？"答案同样为 0~10 的连续性变量。生育计划的设问方式为："您打算什么时候（再）生育？"答案一共分为五个类别，分别为"2018 年"、"2019 年"、"2020 年"、"2020 年以后"以及"没想好"。实际生育数变量主要通过活产子女数的计算间接得出。

如上所述，本书将育龄期女性分为生育旺盛期（20~39岁）与基本完成生育期（40~49岁）两组。分不同章节来看，其主要内容如下。

第三章，主要探讨的是高学历女性生育意愿实现困境的现实表征。针对生育旺盛期女性，主要聚焦于理想与打算生育意愿；而针对基本完成生育期女性，除了分析理想与打算生育意愿之外，还将实际生育数纳入考察范围，旨在对生育意愿与生育行为做一个初步比较。

第四章，重点聚焦高学历女性理想与打算生育意愿偏离问题。从实证研究的角度，本书将因变量操作化为"理想生育意愿"与"打算生育意愿"之差。根据所选变量的特点，主要以生育旺盛期女性为考察对象。

第五章，主要探讨的是高学历女性打算生育意愿与生育计划偏离问题。从研究对象来看，主要选取生育旺盛期女性。同时，从变量的选择角度，通过计划生育时间的远近对因变量进行操作，重点关注生育旺盛期女性的生育意愿与生育计划，尤其是已生育一孩同时可能生育二孩女性之间生育意愿的差异。

第六章，主要探讨的是高学历女性生育意愿与生育行为偏离问题。重点关注30~39岁已生育一孩的单独家庭女性，以及30~49岁双独家庭女性生育意愿的实现情况。鉴于我国生育政策放宽时间尚短，为最大限度规避政策对生育行为的影响，本章主要以单独和双独群体为研究对象。该样本选择的方式可在一定程度上反映出生育意愿的落地实施情况。

以上仅对后续章节的变量选择做简要阐述，具体内容在后续具体章节中将详细展开。

表2-1展示了第三章至第六章所选取的年龄队列以及因变量。在每个章节具体论述过程当中，还会对变量进一步细分处理。

表2-1   第三章至第六章所选取的年龄队列以及因变量

章节	研究内容	样本群体	因变量
第三章	高学历女性生育意愿实现困境的现实表征	生育旺盛期	理想生育意愿、打算生育意愿
		基本完成生育期	理想生育意愿、打算生育意愿、实际生育数
第四章	高学历女性理想与打算生育意愿偏离问题	生育旺盛期	理想生育意愿与打算生育意愿的偏离

续表

章节	研究内容	样本群体	因变量
第五章	高学历女性打算生育意愿与生育计划偏离问题	生育旺盛期	打算生育意愿与生育计划的偏离
第六章	高学历女性生育意愿与生育行为偏离问题	30~39 岁单独家庭及 30~49 岁双独家庭	生育意愿与生育行为的偏离

（二）核心自变量与中介变量

1. 核心自变量

本书的核心自变量为女性学历（或称女性受教育程度）。回顾以往的研究我们可以发现，对受教育程度的操作化方式一般分为两类：一类是将其操作化为连续变量，将受教育程度转化成在校年限（石人炳、杨辉，2021）；另一类则将其操作化为几组分类变量，如"小学及以下""初中""高中""大学专科""大学本科及以上"等。由于本书并不关注具体的受教育年限，即连续型变量本身，而重点在于对不同受教育程度之间的横向对比，因此，本书主要采取第二类操作化方式。

2. 中介变量

除核心自变量外，书中还纳入了三组婚姻匹配变量。

第一组，教育婚姻匹配。

与核心自变量中女性受教育程度划分方式相似，丈夫的受教育程度同样被操作化为"小学及以下""初中""高中""大学专科""大学本科及以上"几组分类变量。而教育婚姻匹配变量的形成需要将夫妻双方的受教育程度进行组合。参照以往文献中教育婚姻匹配的分类方式（赵梦晗，2019；马磊，2017；石磊，2019）以及本书的研究需要，具体划分为"夫妻同为小学及以下""夫妻同为初中""夫妻同为高中""夫妻同为大专""夫妻同为大学本科及以上""夫高妻低""夫低妻高"七组。

第二组，收入婚姻匹配。

经验研究中通常使用"收入水平"作为经济地位的测量指标（李忠路、邱泽奇，2016）。遵循以往的研究范式（赵梦晗，2019；王俊、石人炳，2021），本书以个人收入的分位数值（25% 分位数与 75% 分位数）为界限，将女性样本划分为三类，分别赋值为"低收入""中等收入""高收入"。同时结合丈夫的收入阶层，具体划分为"夫妻同为低收入""夫妻同为中等收入""夫妻同为高收入""夫高妻低""夫低妻高"五组。

第三组，职业婚姻匹配。

学术界关于职业阶层地位的划分有不同的标准，如十大社会阶层理论（陆学艺，2010）、按照体力劳动方式界定的职业阶层划分（朱斌，2018）以及依据财富及职权划分的"高、中、低"阶层划分等（李路路等，2018）。根据本书的研究需要，主要采取第三种划分方式[①]。参照相关研究，首先将女性样本划分为三类，将"国家机关、党群组织、企事业单位负责人"与"专业技术人员"作为"高阶层"，将"办事人员和有关人员"与"商业、服务业人员"作为"中间阶层"，将"农林牧渔水利业生产人员"与"运输设备操作人员及有关人员"作为"低阶层"。

在此基础之上，将夫妻双方的变量进行合并，具体划分为"夫妻同为低阶层""夫妻同为中间阶层""夫妻同为高阶层""夫高妻低""夫低妻高"五组。核心自变量与中介变量的定义方式具体如表 2-2 所示。

表 2-2　核心自变量与中介变量的定义方式

变量名称		定义
女性受教育程度		小学及以下 =0；初中 =1；高中 =2；大学专科 =3；大学本科及以上 =4
婚姻匹配	教育婚姻匹配	夫妻同为小学及以下 =0；夫妻同为初中 =1；夫妻同为高中 =2；夫妻同为大专 =3；夫妻同为大学本科及以上 =4；夫高妻低 =5；夫低妻高 =6
	收入婚姻匹配	夫妻同为低收入 =0；夫妻同为中等收入 =1；夫妻同为高收入 =2；夫高妻低 =3；夫低妻高 =4
	职业婚姻匹配	夫妻同为低阶层 =0；夫妻同为中间阶层 =1；夫妻同为高阶层 =2；夫高妻低 =3；夫低妻高 =4

3. 控制变量

通过梳理已有文献，本书在研究过程中也对可能影响生育意愿及其

---

① 由于不同研究的分类方式不同，具体称呼也有所差别，如将"高、中、低"三阶层进一步细分为低阶层、中低阶层、中高阶层、高阶层，或者将"高、中、低"依据职权方式命名为"精英阶层""中间阶层""低阶层"等。

实现的其他因素进行了控制（赵梦晗，2019；汤梦君，2020）。主要包括年龄队列、户口、民族、职业类型、个人收入、家庭收入、独生属性、调查地区等变量。其中。年龄队列分为"20~24 岁""25~29 岁""30~34 岁""35~39 岁""40~44 岁""45~49 岁"六组；户口分为"农业""非农业"两组；民族分为"汉族""少数民族"两组；职业类型分为"低阶层""中间阶层""高阶层"三组；个人收入分为"低收入""中等收入""高收入"三组；家庭收入分为"低收入""中等收入""高收入"三组[①]；独生属性分为"双独家庭""单独家庭""双非家庭"三组；调查地区分为"东部地区""中部地区""西部地区""东北地区"四组（见表 2-3）。

表 2-3　控制变量定义

变量名称	定义
年龄队列	20~24 岁 =0；25~29 岁 =1；30~34 岁 =2；35~39 岁 =3；40~44 岁 =4；45~49 岁 =5
户口	农业 =0；非农业 =1
民族	汉族 =0；少数民族 =1
职业类型	低阶层 =0；中间阶层 =1；高阶层 =2
个人收入	低收入 =0；中等收入 =1；高收入 =2
家庭收入	低收入 =0；中等收入 =1；高收入 =2
独生属性	双独家庭 =0；单独家庭 =1；双非家庭 =2
调查地区	东部地区 =0；中部地区 =1；西部地区 =2；东北地区 =3

四　研究的重难点

本书研究的重难点主要体现在三个方面：一是生育政策的刚性影响问题；二是生育意愿的"时滞"问题；三是生育意愿提问方式的模糊性问题。

（一）生育政策的刚性影响问题

目前在中国研究生育问题，一定逃不开生育政策的刚性影响。回顾生育政策的历史可知，无论是 20 世纪 80 年代开始严格执行的独生子女政策，还是后来生育政策放宽后的"单独二孩"、"全面二孩"以及"三孩"政策，

[①] "高、中、低"的划分方式与上文相同。

实质上都是对生育行为的限制。正如风笑天所言，在现行生育政策下的生育问题研究，并非真正意义上可以与国际对话、不受任何约束的生育研究（风笑天，2017b）。换句话说，目前我们所关注的生育问题，并不是完全意义上的0~n孩，而是在0~3孩范围之内的生育问题。

具体来看，生育政策的刚性影响主要体现在两个方面，第一是对生育意愿的影响，第二是对生育行为的影响。

对生育意愿的影响问题，并无确切的解决办法，因为生育政策对心理方面的影响是潜移默化的。在被调查者回答问题之时，或多或少都会受到当前生育政策的影响，这也是所有研究生育意愿学者所共同面对的问题。但对生育行为的影响，本书通过技术性手段进行了适当规避。比如，在第六章探讨生育意愿与生育行为偏离的时候，对样本的年龄、独生属性以及生育状况进行了限制：选择已生育一孩且符合条件的单独家庭女性作为研究重点，可以最大限度避免生育政策放宽时间不长对生育行为的影响。在具体章节之中将进行详细阐述。

（二）生育意愿的"时滞"问题

生育意愿往往处于一种动态的变化之中，并非一成不变。随着生命历程的发展，女性的生育意愿可能变化很大，尤其在第一次生育之后，原本的生育意愿可能发生动摇（汤梦君，2020；赵梦晗，2019）。目前国内关于生育意愿的调查，更多是一种"事后测量"，而无法体现女性生育意愿变化的全貌。以本书所使用的2017年全国生育状况抽样调查数据为例，虽然该数据具有较好的代表性，但依旧缺乏纵向追踪部分，无法从源头反映生育意愿的动态变化。

为了解决这一问题，在部分章节之中，本书采用了区分孩次的方式进行适时调整。例如，在第五章讨论打算生育意愿与生育计划之间的关系时，将重点放在了二孩生育打算与计划的偏离上，将样本限定为已完成一孩生育的女性，研究在生育间隔时期未来可能存在的变化。该方法虽然不能完全解决生育意愿的"时滞"问题，但可在一定程度上保证研究结果的准确性。

（三）生育意愿提问方式的模糊性问题

对于被调查者而言，生育意愿更像是一种心理调查。由于阶层背景与所处环境存在差异，不同被调查者对问题的理解可能存在不小的偏差。比如，无法认清生育意愿之间的区别，从而给出相似的回答；不理解提问者的本意，致使所有答案表现趋同。

　　面对这一问题，本书的解决办法是将生育意愿进行逐级细分，从宏观而笼统的"理想生育意愿"一直细分精确到某某年的生育计划上。作为一种更加确切的提问方式，将被调查者限制在一个精准的范围之内，从而将生育意愿这一模糊化的概念落到实处，最大限度提升结果的可信度。

第三章　高学历女性生育意愿实现
困境的现实表征

　　本章旨在探讨高学历女性生育意愿实现困境的现实表征。本章主要分为三个部分。首先，依据不同年龄队列，将育龄期女性分为生育旺盛期（20~39岁）与基本完成生育期（40~49岁），运用描述性统计分析的方法，对女性受教育程度、其他控制变量以及生育意愿的现状进行阐述。其次，建立 Multinomial Logistic 模型，对生育旺盛期及基本完成生育期女性进行分样本回归，细分生育状况，以高学历女性群体为重点，探究女性受教育程度对生育意愿的影响程度及群体差异。最后，在纳入婚姻匹配变量之后，考察高学历女性生育意愿的变化情况。

第一节　生育旺盛期高学历女性
生育意愿实现困境

一　生育旺盛期女性生育意愿总体特征描述

　　在生育旺盛期女性理想与打算生育意愿的分布中，不同的社会人口特征之间存在较大的差异。总体来看，生育旺盛期女性是一个异质性很强的群体。表3-1和表3-2分别比较了不同社会人口特征下生育旺盛期女性的理想、打算生育意愿与实际生育数，从受教育程度、年龄队列、户口、民族等不同角度分析20~39岁女性内部不同群体之间，生育意愿与实际生育行为之间的差异与变化。具体情况如下。

（一）理想生育意愿、打算生育意愿与实际生育数之间存在一定偏离

从不同变量的数据结果来看，理想生育意愿、打算生育意愿与实际生育数之间的偏离现象较为普遍。在生育旺盛期女性的样本中，理想生育数平均比打算生育数多 0.12 个，而打算生育数平均比实际生育数多 0.32 个。总体而言，平均理想生育数已经接近 2.00 个，但实际生育数在 1.50 个左右徘徊。从不同变量之间的差异表现来看，除了受教育程度为小学及以下以及低收入人群之外，其他变量条件下，女性的打算生育数几乎都少于理想生育数。具体而言，随着女性受教育程度的提升，理想与打算生育意愿均呈现逐渐降低趋势，但打算生育意愿变化速度明显更快。其中，小学及以下为 2.21 个，而大学本科及以上降为 1.52 个；农业户口女性理想与打算生育意愿高于非农业户口，同时，少数民族女性理想与打算生育意愿也高于汉族；在职业类型、个人收入以及家庭收入方面，均呈现高阶层女性的理想与打算生育意愿偏低的现象；东北地区相比其他地区，女性打算生育意愿降低得更为明显，已经降至 1.50 个以下（见表 3-1）。

表 3-1　不同特征下生育旺盛期女性理想、打算生育意愿与实际生育数间的差异

单位：个

变量	理想	打算	实际	变量	理想	打算	实际
受教育程度				35~39 岁	1.99	1.81	1.71
小学及以下	2.17	2.21	2.05	户口			
初中	2.02	1.95	1.69	农业	2.04	1.98	1.68
高中	1.92	1.75	1.38	非农业	1.84	1.53	1.17
大学专科	1.86	1.60	1.12	民族			
大学本科及以上	1.85	1.52	1.05	汉族	1.96	1.83	1.52
年龄队列				少数民族	2.16	2.12	1.76
20~24 岁	2.00	1.94	1.12	职业类型			
25~29 岁	1.97	1.89	1.39	低阶层	2.07	2.05	1.81
30~34 岁	1.98	1.87	1.61	中间阶层	1.91	1.69	1.36

变量	理想	打算	实际	变量	理想	打算	实际
高阶层	1.89	1.61	1.18	夫妻独生属性			
个人收入				双独家庭	1.78	1.51	1.09
低收入	2.12	2.15	1.91	单独家庭	1.92	1.75	1.39
中等收入	1.96	1.81	1.50	双非家庭	2.07	2.01	1.73
高收入	1.86	1.56	1.17	调查地区			
家庭收入				东部地区	1.96	1.79	1.46
低收入	2.10	2.10	1.84	中部地区	2.01	1.95	1.64
中等收入	1.97	1.85	1.54	西部地区	2.09	2.03	1.70
高收入	1.90	1.64	1.25	东北地区	1.69	1.39	1.15
				总体	1.98	1.86	1.54

（二）不同孩次之间理想与打算生育意愿的变化趋势不同

对于生育旺盛期女性而言，对1孩和2孩的生育态度明显不同。从总体来看，理想生育1孩的女性占比为11.01%，而打算生育1孩的女性占比为26.99%，后者明显高于前者。反观2孩生育意愿情况却不尽相同，理想生育2孩的女性占比为80.75%，而打算生育2孩的女性占比为61.40%，出现显著下降。虽然从整体上来说，理想生育2孩的占比最大，但是在更接近生育实际的打算生育意愿之中，却发生明显下降，这在不同受教育程度、年龄队列、户口、民族、职业类型等特征方面都有体现，不同变量之间的变化趋势大致相同。我国作为一个普婚普育的国家，1孩生育落实的可能性很大，但女性的2孩生育理想往往不能完全转化成实际，在打算生育意愿这一意愿与实践的"中间环节"之中，不少女性已经退缩，这种现象在生育旺盛期女性中表现尤为明显（见表3-2）。

（三）现有一孩女性二孩生育打算受到抑制

对于还未生育的女性而言，有76.91%以生育2孩为理想，但是打算生育2孩的比例却降低了18.63个百分点。其中还有4.70%的女性打算终身不育，这些人未来更可能成为已婚不育的"丁克"家族中的一员。再看现有 1 孩的女性，有 20.36% 认为目前的子女数目较为理想，说明其生育 2 孩的打算并不强烈；有 77.46% 认为生育 2 个孩子最为理想；有 55.34% 打算只生育 1 个孩子，打算生育 2 孩的占比仅为 43.07%，相比理想生育意愿降低了 34.39 个百分点，甚至低于未生育女性。从这可以看出，现有 1 孩女性的打算生育意愿受到了严重抑制。

已生育 2 孩的女性对于自己的现有子女数最为满意，2 孩的理想与打算生育意愿均超过 90%，即生育意愿与实际生育数之间保持一致，是最有可能实现其生育理想的人群。与此同时，在已生育 2 孩的女性之中，还有 6.95% 的女性打算继续生育 3 孩，按照目前所执行的鼓励"三孩"政策，她们是最有可能按政策生育的人群。而已经生育 3 个及以上孩子的女性中，有 51.88% 的理想生育意愿为 2 孩，即认为 2 个孩子最好，对现有生育状态带有一定的"后悔"或"不满意"情绪（见表 3-2）。

表 3-2　不同现有子女数条件下生育旺盛期女性理想与打算生育意愿

单位：%

变量	理想生育意愿				打算生育意愿			
现有子女数	0 孩	1 孩	2 孩	3 孩及以上	0 孩	1 孩	2 孩	3 孩及以上
0 个	1.10	19.19	76.91	2.80	4.70	35.35	58.28	1.67
1 个	0.07	20.36	77.46	2.11	0.03	55.34	43.07	1.57
2 个	0.09	1.80	90.27	7.84	0.01	0.56	92.48	6.95
3 个及以上	0.18	1.25	51.88	46.69	0.00	0.33	4.03	95.64
总体	0.14	11.01	80.75	8.10	0.26	26.99	61.40	11.34

二　生育旺盛期女性受教育程度对生育意愿影响的实证分析

在前文描述的基础之上，本部分将女性的生育意愿，即理想和打算生育意愿作为被解释变量，以女性的受教育程度作为核心自变量，同时纳入年龄队列、户口、民族等 9 个控制变量，共同构建生育旺盛期女性生育意愿的 Multinomial Logistic 模型，探讨女性受教育程度对生育意愿的影响。模型回归结果如表 3-3 所示。

表 3-3　生育旺盛期女性受教育程度对生育意愿的影响

变量	理想生育意愿		打算生育意愿	
	2 孩 /0~1 孩	3 孩及以上 /0~1 孩	2 孩 /0~1 孩	3 孩及以上 /0~1 孩
受教育程度（小学及以下）				
初中	0.18***	−0.02	0.24***	0.15
高中	0.18**	−0.23**	0.25***	0.26**
大学专科	0.24***	−0.12	0.42***	0.18
大学本科及以上	0.30***	0.57***	0.57***	0.71***
年龄队列（20~24 岁）				
25~29 岁	−0.30***	−0.83***	−0.59***	−1.22***
30~34 岁	−0.48***	−1.24***	−1.21***	−2.42***
35~39 岁	−0.61***	−1.53***	−2.23***	−4.07***
户口（农业）				
非农业	−0.17***	−0.24***	−0.30***	−0.42***
民族（汉族）				
少数民族	0.29***	0.99***	0.45***	1.33***
职业类型（低阶层）				
中间阶层	−0.10**	−0.15**	−0.10**	−0.26***
高阶层	0.04	0.13	0.08	−0.02
个人收入	−0.07**	−0.08*	−0.18***	−0.19***
家庭收入	0.16***	0.01	0.08**	−0.09
夫妻独生属性（双独家庭）				
单独家庭	0.44***	0.64***	0.40***	0.37***
双非家庭	0.67***	1.42***	0.63***	1.08***
已生育子女数（0~1 个）				
2 个	2.38***	3.37***	5.66***	6.58***
3 个及以上	2.14***	5.31***	2.85***	9.96***

变量	理想生育意愿		打算生育意愿	
	2孩/0~1孩	3孩及以上/0~1孩	2孩/0~1孩	3孩及以上/0~1孩
调查地区（东部地区）				
中部地区	0.20***	−0.11	0.19***	0.19**
西部地区	0.19***	0.21***	0.04	0.12
东北地区	−0.74***	−1.66***	−0.98***	−1.54***
常数项	0.14	−1.27***	1.23***	0.44
LR chi^2（40）	11634.00	11634.00	40818.85	40818.85
Pseudo R^2	0.2042	0.2042	0.5005	0.5005
样本数	44715	44715	44741	44741

注：① 因变量分别以"理想生育 0~1 孩"和"打算生育 0~1 孩"为参照组；② 为了展示模型结果的影响方向，表中呈现的是标准化回归系数；③ *** $p<0.01$，** $p<0.05$，* $p<0.1$。

（一）受教育程度对生育旺盛期女性生育意愿的影响

从理想生育意愿模型检验结果来看，以"理想生育 0~1 孩"为参照组，在控制了其他变量之后，受教育程度在生育旺盛期女性"理想生育 2 孩"以及"理想生育 3 孩及以上"两组模型中均有显著影响，但方向有所不同。对于生育旺盛期女性而言，随着受教育程度的提升，其理想生育意愿升高的可能性逐渐增加。再看打算生育意愿模型检验结果，以"打算生育 0~1 孩"为参照组，受教育程度对生育旺盛期女性"打算生育 2 孩"以及"打算生育 3 孩及以上"两组模型同样影响显著，且方向大致相同。与理想生育意愿的趋势相似的是，对于生育旺盛期女性而言，高学历女性打算生育意愿更强。

（二）控制变量对生育旺盛期女性生育意愿的影响

在理想生育意愿的模型中，不同年龄队列女性的理想生育意愿之间具有显著差异。总体而言，在控制了其他变量后，随着年龄的增长，女性理想生育意愿降低的可能性逐渐增加；非农业户口女性的理想生育意愿低于农业户口女性，这和城市女性具有更为现代的生育观念有关；少数民族地区独特的风土人情和地区政策，使得少数民族女性的理想生育意愿明显高于汉族女性。

在不同的职业类型中，中间阶层女性理想生育2孩和3孩及以上的可能性低于低阶层，高阶层没有显著差异；女性的个人收入与理想生育意愿呈现负相关关系，家庭收入与理想生育意愿呈现正相关关系；夫妻独生属性对理想生育意愿具有显著影响，单独家庭与双非家庭女性的理想生育意愿均高于双独家庭；已生育子女数与理想生育意愿之间为正相关关系，即实际生育子女数越多，其理想生育数明显越多；不同调查地区女性的理想生育意愿有所不同，总体而言，中部和西部地区女性的理想生育意愿高于东部地区，东北地区低于东部地区。

从打算生育意愿的模型来看，不同控制变量对打算和理想生育意愿的影响方向大致相同，但是具体系数有所差别。总体而言，同一控制变量对打算生育意愿的影响程度高于理想生育意愿，这在年龄队列、户口、民族、个人收入、已生育子女数等变量中均有体现。与生育理想这种更为抽象的生育意愿相比，打算生育意愿更接近女性真实的生育意愿，按照前文的理论阐述，其转化为实际生育行为的可能性也更大。因此，各类现实因素对打算生育意愿的影响明显大于理想生育意愿，这也符合学界对生育行为的正常认知。

具体而言，随着年龄的增长，女性的打算生育意愿呈现逐渐降低趋势；与农业户口女性相比，非农业户口女性的打算生育意愿更低；少数民族女性的打算生育意愿明显高于汉族女性；中间阶层女性打算生育2孩和3孩及以上的可能性低于低阶层，高阶层没有显著差异；女性个人收入与打算生育意愿呈现负相关，家庭收入与理想生育意愿则呈正相关态势；夫妻独生属性和已生育子女数对打算生育意愿影响显著，单独和双非家庭女性的打算生育意愿高于双独家庭，且实际生育子女数越多的女性，打算生育意愿越强；与理想生育意愿相似的是，中部和西部地区女性的打算生育意愿高于东部地区，东北地区则低于东部地区。

三　不同生育状况下生育旺盛期女性受教育程度对生育意愿的影响

（一）理想生育意愿

前文对生育旺盛期女性受教育程度对理想生育意愿的总体影响进行了

分析，发现在控制了其他变量之后，不同受教育程度情况下，生育旺盛期女性的理想生育意愿呈现显著不同。总体而言，随着受教育程度的提高，理想生育意愿升高的可能性逐渐增强。生育意愿作为一个动态变化的过程，随着女性生命历程的演变可能发生很大变化，因此，区分不同孩次对理想生育意愿的影响具有重要意义。为避免总体样本对理想生育意愿估计的模糊与偏误，本书将样本群体划分为已生育 0~1 孩、已生育 2 孩、已生育 3 孩及以上三组不同样本，分别纳入模型进行回归分析。与上文的分析方式相同，因变量为生育旺盛期女性的理想生育意愿，以女性的受教育程度为核心自变量，同时纳入年龄队列、户口等 9 个控制变量，共同构建生育旺盛期女性生育意愿的 Multinomial Logistic 模型，探讨不同生育状况下生育旺盛期女性受教育程度对理想生育意愿的影响。模型回归结果如表 3-4 所示。

表 3-4　不同生育状况下生育旺盛期女性受教育程度对理想生育意愿的影响

变量	已生育 0~1 孩		已生育 2 孩		已生育 3 孩及以上	
	2 孩 / 0~1 孩	3 孩及以上 / 0~1 孩	2 孩 / 0~1 孩	3 孩及以上 / 0~1 孩	2 孩 / 0~1 孩	3 孩及以上 / 0~1 孩
受教育程度（小学及以下）						
初中	0.25***	−0.05	0.03	−0.19	−0.31	−0.47
高中	0.24***	−0.19	0.12	−0.22	−0.46	−1.01
大学专科	0.29***	0.06	0.40	0.06	−2.52***	−3.20***
大学本科及以上	0.34***	0.69***	0.52*	0.96***	−3.29**	−4.05***
年龄队列（20~24 岁）						
25~29 岁	−0.27***	−0.91***	−0.70	−1.15**	−13.18	−13.12
30~34 岁	−0.47***	−1.42***	−0.52	−1.29**	−12.77	−12.74
35~39 岁	−0.62***	−1.65***	−0.47	−1.42***	−13.08	−13.21
户口（农业）						
非农业	−0.14***	0.01	−0.56***	−0.75***	−0.73	−0.86
民族（汉族）						
少数民族	0.32***	1.34***	0.03	0.81***	0.25	0.66

续表

变量	已生育 0~1 孩		已生育 2 孩		已生育 3 孩及以上	
	2 孩 / 0~1 孩	3 孩及以上 / 0~1 孩	2 孩 / 0~1 孩	3 孩及以上 / 0~1 孩	2 孩 / 0~1 孩	3 孩及以上 / 0~1 孩
职业类型（低阶层）						
中间阶层	−0.05	−0.42***	−0.42***	−0.44***	−0.08	−0.05
高阶层	0.10	−0.23	−0.54**	−0.45*	2.18	2.75*
个人收入	−0.08**	−0.09	0.00	−0.04	−0.00	0.05
家庭收入	0.16***	0.02	0.17	0.03	0.40*	0.21
夫妻独生属性（双独家庭）						
单独家庭	0.44***	0.48***	0.45**	0.72***	0.82	1.30
双非家庭	0.70***	1.43***	0.45**	1.21***	0.96	1.90**
调查地区（东部地区）						
中部地区	0.20***	−0.02	0.29**	0.14	−0.81	−1.42***
西部地区	0.19***	0.12	0.21	0.15	−0.77	−0.57
东北地区	−0.76***	−1.52***	−0.40*	−1.65***	−1.58*	−2.19**
常数项	0.16	−1.10	2.25**	1.95*	12.73	13.30
LR chi^2（40）	1455.57	1455.57	544.36	544.36	337.60	337.60
Pseudo R^2	0.0495	0.0495	0.0419	0.0419	0.0663	0.0663
样本数	23892	23892	17442	17442	3381	3381

　　注：① 因变量以"理想生育 0~1 孩"为参照组；② 为了展示模型结果的影响方向，表中呈现的是标准化回归系数；③ *** $p<0.01$，** $p<0.05$，* $p<0.1$。

1. 不同生育状况下受教育程度对女性理想生育意愿的影响

从三组不同样本的模型回归结果来看，以"理想生育 0~1 孩"为参照组，在控制了其他变量之后，生育旺盛期女性受教育程度在"理想生育 2 孩"以及"理想生育 3 孩及以上"两组模型中均有显著影响，但在不同样本之间，方向和系数均有所不同。在已生育 0~1 孩的样本中，随着受教育程度的提升，生育旺盛期女性的理想生育意愿逐渐增强。对比不同生育状况样本发现，已生育 3 孩及以上女性的理想生育状况和前两者方向有所不

同。具体而言，女性理想生育意愿随受教育程度提升而降低，即生育意愿
与实际生育行为相偏离，存在一定的"后悔"或"不满意"情绪。相比于
受教育程度较低的女性而言，高学历女性"不满意"生育3孩及以上的可
能性也更大。

2. 不同生育状况下控制变量对女性理想生育意愿的影响

对比三组不同模型发现，在已生育0~1孩的样本中，不同年龄队列女
性的理想生育意愿之间具有显著差异，在控制了其他变量后，女性的理想
生育意愿随着年龄的增长不断降低；非农业户口女性的理想生育意愿低于
农业户口女性；少数民族女性的理想生育意愿明显高于汉族女性；在不同
职业类型中，中间阶层女性的理想生育意愿低于低阶层，但高阶层女性的
差异并不显著；与总体样本相同的是，女性的个人收入与理想生育意愿呈
现负相关关系，即个人收入越高的女性理想生育意愿越低，而家庭收入则
与理想生育意愿呈现正相关关系，随着家庭收入升高，女性的理想生育意
愿也提高；夫妻独生属性对理想生育意愿具有显著影响，单独和双非家庭
女性的理想生育意愿明显高于双独家庭；不同调查地区女性的理想生育意
愿有所不同，总体而言，中部和西部地区的理想生育意愿高于东部地区，
而东北地区低于东部地区。

在已生育2孩的样本中，大多数控制变量的方向和系数都与已生育
0~1孩的样本相近，只有少数几个变量有所不同。其中，高阶层女性的理想
生育意愿显著低于低阶层，这可能与样本本身的年龄结构有关。对于已生
育2孩的女性而言，自身是高阶层的可能性较大，因此与个人收入影响相
类似，都与理想生育意愿呈现负相关。反观已生育3孩及以上的样本，大
多数控制变量本身并不显著，这可能是样本数偏少导致。有一点值得注意
的是，在相对有限的样本总体中，核心自变量即女性受教育程度对理想生
育意愿的影响依旧显著为负，这与已生育0~1孩和2孩的样本方向呈现明
显不同。

（二）打算生育意愿

前文对生育旺盛期女性受教育程度对打算生育意愿的影响进行了总体
研究，发现在控制了其他变量之后，随着受教育程度的提高，生育旺盛期
女性打算生育意愿升高的可能性逐渐增加。本书将样本群体进一步细分为

已生育 0~1 孩、已生育 2 孩、已生育 3 孩及以上三组，分别纳入模型进行回归分析。与上文的分析方式相同，因变量为生育旺盛期女性的打算生育意愿，以女性的受教育程度为核心自变量，同时纳入年龄队列、户口等 9 个控制变量，共同构建生育旺盛期女性生育意愿的 Multinomial Logistic 模型，探讨不同生育状况下生育旺盛期女性受教育程度对打算生育意愿的影响。模型回归结果如表 3-5 所示。

表 3-5　不同生育状况下生育旺盛期女性受教育程度对打算生育意愿的影响

变量	已生育 0~1 孩		已生育 2 孩		已生育 3 孩及以上	
	2 孩 / 0~1 孩	3 孩及以上 / 0~1 孩	2 孩 / 0~1 孩	3 孩及以上 / 0~1 孩	2 孩 / 0~1 孩	3 孩及以上 / 0~1 孩
受教育程度（小学及以下）						
初中	0.33***	-0.21	-0.46	-0.41	0.30	-0.28
高中	0.36***	-0.07	-1.05**	-0.87**	0.13	-0.56
大学专科	0.52***	-0.50*	-0.91*	-0.72	-0.12	-0.84
大学本科及以上	0.66***	0.07	-0.63	0.01	1.03	-0.89
年龄队列（20~24 岁）						
25~29 岁	-0.59***	-1.12***	-0.54	-1.30	-11.87	-12.04
30~34 岁	-1.23***	-1.96***	-0.44	-1.88*	-10.23	-10.73
35~39 岁	-2.29***	-3.06***	-0.55	-2.82***	-11.70	-12.03
户口（农业）						
非农业	-0.28***	-0.33*	-0.74***	-0.91***	-2.74***	-2.54***
民族（汉族）						
少数民族	0.45***	1.45***	0.03	0.84**	0.19	1.28
职业类型（低阶层）						
中间阶层	-0.08*	-0.46***	-0.52**	-0.61**	-1.27	-1.45*
高阶层	0.09*	-0.10	0.74	0.61	-0.88	-0.53
个人收入	-0.18***	-0.15	-0.15	-0.22	-0.31	-0.11
家庭收入	0.09**	-0.15	0.11	-0.04	0.12	-0.16

续表

变量	已生育 0~1 孩		已生育 2 孩		已生育 3 孩及以上	
	2 孩 / 0~1 孩	3 孩及以上 / 0~1 孩	2 孩 / 0~1 孩	3 孩及以上 / 0~1 孩	2 孩 / 0~1 孩	3 孩及以上 / 0~1 孩
夫妻独生属性（双独家庭）						
单独家庭	0.42***	−0.03	0.10	0.11	1.29	2.28**
双非家庭	0.64***	1.03***	0.30	0.74**	1.06	2.21**
调查地区（东部地区）						
中部地区	0.20***	−0.16	0.13	0.18	−1.13	−0.69
西部地区	0.05	0.04	−0.23	−0.14	−1.65*	−1.10
东北地区	−0.96***	−1.45***	−1.41***	−2.24***	−2.22	−1.60
常数项	1.09***	1.10	6.78***	7.06***	16.22	19.80
LR chi^2（40）	4681.22	4681.22	831.82	831.82	124.12	124.12
Pseudo R^2	0.1321	0.1321	0.0884	0.0884	0.0991	0.0991
样本数	23912	23912	17444	17444	3385	3385

注：① 因变量以"打算生育 0~1 孩"为参照组；② 为了展示模型结果的影响方向，表中呈现的是标准化回归系数；③ *** $p<0.01$，** $p<0.05$，* $p<0.1$。

1. 不同生育状况下受教育程度对女性打算生育意愿的影响

从三组不同样本的模型结果来看，以"打算生育 0~1 孩"为参照组，在控制了其他变量之后，生育旺盛期女性受教育程度在"打算生育 2 孩"模型中影响显著，但在不同样本之间，方向和系数均有所不同。对于生育旺盛期女性而言，在已生育 0~1 孩的样本之中，随着受教育程度的提升，打算生育意愿升高的可能性逐渐增强。反观在已生育 2 孩的样本中，趋势正好相反。打算与理想生育意愿的含义有所不同，与理想生育意愿相比，打算生育意愿更有可能转化成实际生育行为，因此，存在一个有趣的现象，即高学历女性更有可能带有"后悔"或"不满意"情绪，这在已经拥有 2 个孩子的女性群体中表现更为明显。

2. 不同生育状况下控制变量对女性打算生育意愿的影响

对比三组不同模型发现，在已生育 0~1 孩的样本中，不同年龄队列女性的打算生育意愿存在显著不同，控制变量的影响结果和前文大致相似。具体来看，在控制了其他变量之后，随着年龄的增长，生育旺盛期女性的打算生育意愿呈现递减趋势；非农业户口女性的打算生育意愿低于农业户口女性；少数民族女性的打算生育意愿高于汉族女性；在不同职业类型中，中间阶层女性的打算生育意愿低于低阶层，而高阶层女性的打算生育意愿高于低阶层。

与总体样本相同，女性的个人收入与打算生育意愿呈现负相关，而家庭收入则正相反；夫妻独生属性对打算生育意愿具有显著影响，单独和双非家庭女性的打算生育意愿明显高于双独家庭；不同调查地区女性的打算生育意愿有所不同，中部地区的打算生育意愿高于东部地区，而东北地区则低于东部地区。在已生育 2 孩和 3 孩及以上样本之中，大多数控制变量的方向和系数都与已生育 0~1 孩的样本相近，其中已生育 3 孩及以上样本中的变量大多不显著，原因上文中有所提及，在此不再赘述。

第二节　基本完成生育期高学历女性
生育意愿实现困境

一　基本完成生育期女性生育意愿总体特征描述

在基本完成生育期女性理想、打算生育意愿与实际生育数的分布中，不同社会人口特征之间存在较大的差异性。表 3-6 和表 3-7 针对女性受教育程度、年龄队列、户口等不同的社会人口特征，进行了理想、打算生育意愿与实际生育数之间的比较，可以发现在 40~49 岁女性内部不同群体之间，生育意愿与实际生育行为之间的差异，结果分析如下。

（一）理想、打算生育意愿与实际生育数之间同样存在偏离

与生育旺盛期女性相似的是，基本完成生育期女性理想、打算生育意愿与实际生育数之间的偏离同样较为普遍。总体而言，理想生育数平均比打算生育数多 0.27 个，而打算生育数比实际生育数多 0.02 个。对于基本完成生育期的女性而言，理想与打算生育意愿的差距较大，而打算与实际生育数之间的差距很小。由于年龄队列的差异，40~49 岁女性理想生育意愿

比 20~39 岁女性平均高出 0.07 个，实际生育子女数多 0.22 个。从不同变量之间的差异表现来看，在受教育程度、年龄队列、户口、民族、职业类型等影响方面，实际生育数都少于理想生育数，呈现"一边倒"的趋势，而打算与实际生育数之间的差异较小。具体而言，随着女性受教育程度提升，理想与打算生育数都呈现逐渐降低的趋势，但实际生育数变化速度明显更快，小学及以下为 2.08 个，而大学本科及以上降为 1.08 个，相差 1 个；农业户口女性理想与实际生育数高于非农业户口，同时，少数民族女性理想与实际生育数也高于汉族；在职业类型、个人收入以及家庭收入方面，均呈现较高阶层女性的理想与实际生育数偏低的现象；东北地区相比其他地区，实际生育数降低更为明显，已经降为 1.31 个（见表 3-6）。

表 3-6　不同特征下基本完成生育期女性理想、打算生育意愿与实际生育数间的差异

单位：个

变量	理想	打算	实际	变量	理想	打算	实际
受教育程度				职业类型			
小学及以下	2.18	2.09	2.08	低阶层	2.11	1.98	1.97
初中	1.98	1.70	1.68	中间阶层	1.97	1.55	1.52
高中	1.88	1.32	1.29	高阶层	1.93	1.27	1.23
大学专科	1.89	1.20	1.14	个人收入			
大学本科及以上	1.90	1.15	1.08	低收入	2.17	2.12	2.11
年龄队列				中等收入	2.04	1.77	1.76
40~44 岁	2.02	1.76	1.73	高收入	1.92	1.31	1.27
45~49 岁	2.07	1.79	1.78	家庭收入			
户口				低收入	2.15	2.07	2.06
农业	2.10	1.95	1.94	中等收入	2.04	1.80	1.78
非农业	1.87	1.26	1.22	高收入	1.96	1.46	1.43
民族				夫妻独生属性			
汉族	2.03	1.75	1.73	双独家庭	1.72	1.19	1.15
少数民族	2.21	2.11	2.07	单独家庭	1.92	1.52	1.48

变量	理想	打算	实际	变量	理想	打算	实际
双非家庭	2.07	1.83	1.81	西部地区	2.16	1.99	1.97
调查地区				东北地区	1.74	1.34	1.31
东部地区	2.03	1.64	1.62	总体	2.05	1.78	1.76
中部地区	2.08	1.88	1.87				

（二）基本完成生育期女性2孩生育理想较难实现

总体而言，基本完成生育期女性理想生育2孩占比最高，为79.02%，但是打算生育2孩的女性仅为46.72%，出现明显降低。虽然从整体上来说理想生育2孩的占比最高，但是在更接近生育实际的打算生育意愿之中，却发生明显衰减，这可能与基本完成生育期女性的年龄直接相关，与生育旺盛期女性相比，存在"想生而不得"的情况。这种衰减在不同受教育程度、年龄队列、户口、民族、职业类型等特征方面都有体现，不同变量之间的变化趋势大致相同。对于40~49岁女性而言，理想与打算生育意愿偏离已经难以弥补，在错过了最佳生育期之后，生育意愿的实现难度明显加大（见表3-7）。

（三）现有子女数与打算生育数高度重合

从生理角度而言，由于人类具有生育年龄上限，对于基本完成生育期的女性而言，其现有子女数和打算生育数高度重合。具体来看，还未生育的女性中，有68.03%以生育2孩为理想，但是打算生育2孩的比例仅为16.70%，其中65.31%的女性打算终身不育，无论出于主观还是客观原因，这些人未来更可能成为实质上的"丁克"家庭一员。在现有1孩的女性中，有20.39%的女性认为目前的子女数目较为理想，95.76%的女性打算只生育1个孩子，打算生育2孩的比例仅为3.86%，比例甚至低于未生育女性。这从侧面说明，与生育旺盛期女性相比，基本完成生育期女性实现2孩生育的难度明显更大。已生育2孩女性对于现有子女数最为满意，2孩的理想与打算生育意愿在90%上下，即生育意愿与实际生育数之间保持一致，是最有可能实现生育理想的群体。而已经生育 3 个及以上孩子的女性中，有 50.21% 的理想生育意愿为 2 孩，仅有 47.83% 的理想生育意愿为 3 孩及以上，这体现出一定的"后悔"和"不满意"情绪（见表 3-7）。

表 3-7　不同现有子女数下基本完成生育期女性理想与打算生育意愿的差异

单位：%

变量	理想生育意愿				打算生育意愿			
现有子女数	0 孩	1 孩	2 孩	3 孩及以上	0 孩	1 孩	2 孩	3 孩及以上
0 个	6.51	21.93	68.03	3.53	65.31	17.44	16.70	0.56
1 个	0.12	20.39	77.39	2.10	0.11	95.76	3.86	0.27
2 个	0.08	2.21	89.17	8.55	0.03	0.74	98.11	1.13
3 个及以上	0.13	1.83	50.21	47.83	0.00	0.27	3.11	96.62
总体	0.15	9.64	79.02	11.19	0.56	39.09	46.72	13.63

二　基本完成生育期女性受教育程度对生育意愿影响的实证分析

如前文所言，对于 40~49 岁的女性而言，再生育的可能性相对很小，基本可以判定为已经完成生育期。因此，和生育旺盛期女性不同的是，单单评判 40~49 岁女性生育意愿的大小似乎并无足够的解释力。为避免该问题，本部分将基本完成生育期女性的生育意愿与生育实际分别纳入模型进行对比，以女性的受教育程度为核心自变量，同时纳入年龄队列、户口等 9 个控制变量，共同构建基本完成生育期女性生育意愿与行为的 Multinomial Logistic 模型，探讨基本完成生育期女性的受教育程度对生育意愿及实际的影响。模型回归结果如表 3-8 所示。

表 3-8　基本完成生育期女性的受教育程度对生育意愿及实际的影响

变量	理想生育意愿		打算生育意愿		实际生育数	
	2 孩 / 0~1 孩	3 孩及以上 / 0~1 孩	2 孩 / 0~1 孩	3 孩及以上 / 0~1 孩	2 孩 / 0~1 孩	3 孩及以上 / 0~1 孩
受教育程度（小学及以下）						
初中	−0.00	−0.42***	−0.03	−0.24*	−0.46***	−0.95***

续表

变量	理想生育意愿		打算生育意愿		实际生育数	
	2孩 / 0~1孩	3孩及以上 / 0~1孩	2孩 / 0~1孩	3孩及以上 / 0~1孩	2孩 / 0~1孩	3孩及以上 / 0~1孩
高中	0.01	−0.46***	−0.03	0.09	−0.96***	−1.71***
大学专科	0.17**	0.32**	0.48***	0.24	−1.26***	−2.26***
大学本科及以上	0.20**	0.84***	0.50***	1.27***	−1.31***	−3.20***
年龄队列（40~44岁）						
45~49岁	0.12***	0.20***	−0.88***	−1.11***	0.16***	0.12***
户口（农业）						
非农业	−0.06	−0.20**	−0.23**	−0.10	−1.32***	−1.64***
民族（汉族）						
少数民族	0.08	0.45***	0.42***	0.97***	0.46***	0.74***
职业类型（低阶层）						
中间阶层	−0.02	0.04	−0.04	−0.25*	−0.22***	−0.30***
高阶层	0.21***	0.25**	0.09	−0.32	−0.12**	−0.19
个人收入	−0.03	−0.12***	−0.13**	−0.14*	−0.20***	−0.32***
家庭收入	0.19***	0.14***	−0.02	−0.05	−0.10***	−0.17***
夫妻独生属性（双独家庭）						
单独家庭	0.49***	0.78***	0.06	−0.02	0.17	0.63*
双非家庭	0.74***	1.39***	0.17	0.16	0.56***	1.30***
已生子女数（0~1个）						
2个	2.25***	3.33***	8.02***	6.26***		
3个及以上	1.94***	5.15***	5.54***	11.82***		
调查地区（东部地区）						
中部地区	0.27***	0.04	−0.05	−0.13	0.69***	0.76***
西部地区	0.13***	0.16**	−0.04	0.32**	0.42***	0.72***
东北地区	−0.81***	−2.05***	−0.36***	−0.63**	−0.98***	−1.97***
常数项	−1.08***	−3.66***	−1.36**	−3.65***	3.15***	3.15***

续表

变量	理想生育意愿		打算生育意愿		实际生育数	
	2孩 / 0~1孩	3孩及以上 / 0~1孩	2孩 / 0~1孩	3孩及以上 / 0~1孩	2孩 / 0~1孩	3孩及以上 / 0~1孩
LR chi^2（40）	12744.08	12744.08	79175.87	79175.87	18215.86	18215.86
Pseudo R^2	0.2084	0.2084	0.8542	0.8542	0.1966	0.1966
样本数	46652	46652	46679	46679	46679	46679

注：① 因变量分别以"理想生育 0~1 孩"、"打算生育 0~1 孩"和"实际生育 0~1 孩"为参照组；② 为了展示模型结果的影响方向，表中呈现的是标准化回归系数；③ *** $p<0.01$，** $p<0.05$，* $p<0.1$。

（一）受教育程度对女性生育意愿的影响

从理想生育意愿模型检验结果来看，以"理想生育 0~1 孩"为参照组，在控制了其他变量之后，基本完成生育期女性受教育程度在"理想生育 2 孩"以及"理想生育 3 孩及以上"两组模型中影响显著，但方向有所不同。学历对理想生育意愿的影响呈现正 U 型关系，由负向显著变成正向显著，即受教育程度最低和最高女性的理想生育意愿较高，其中尤以多孩（3 孩及以上）生育体现得更为明显。再看打算生育意愿，女性受教育程度在两组模型中同样具有显著影响，与理想生育意愿相似的是，受教育程度最低和最高女性的打算生育意愿较高，受教育程度与打算生育意愿之间同样呈现正 U 型关系。

综合三组不同模型发现，基本完成生育期女性的实际生育数与生育意愿之间呈现显著不同，总体上受教育程度与实际生育数之间为明显的负相关关系。因此，对于基本完成生育期的女性而言，受教育程度越高，其实际生育数反而越低。这一研究结果与生育意愿之间存在明显差异，也从侧面反映了基本完成生育期女性的生育实际与意愿之间存在偏离。与生育旺盛期的女性相比，基本完成生育期女性的生育意愿受到明显抑制。

（二）控制变量对女性生育意愿的影响

从理想生育意愿的模型来看，不同年龄队列女性的理想生育意愿之间差异明显。在控制了其他变量后，随着年龄的增长，40~49 岁女性的理想生育意愿呈现不断上升趋势。与生育旺盛期女性不同的是，40~49 岁女性基本完成了生育期，实际生育数量大多超过 2 个，而年龄越大的女性实际生育数量越多，与之相应的，理想生育意愿也越高；非农业户口女性的理想生育意愿低于农业户口女性；少数民族女性的理想生育意愿明显高于汉族女性；在不同的职业类型中，中间阶层女性的理想生育意愿与低阶层之间没有显著差异，高阶层女性的生育意愿高于低阶层。

从个人收入的角度来看，女性的个人收入与理想生育意愿呈现负相关关系，即个人收入越高的女性，理想生育意愿越低，而家庭收入对理想生育意愿的影响呈现正向显著，即家庭收入越高，女性的理想生育意愿越高；夫妻独生属性对理想生育意愿具有显著影响，单独和双非家庭的理想生育意愿明显高于双独家庭；已生育子女数与理想生育意愿之间呈现正向显著，即实际生育数越多，其理想生育数明显越多；不同调查地区女性的理想生育意愿有所不同，总体而言，中部和西部地区的理想生育意愿高于东部地区，而东北地区女性的理想生育意愿低于东部地区。

在打算生育意愿的模型中，除年龄变量外，不同控制变量对打算和理想生育意愿模型的影响方向大致相同，但是具体系数有所差别。总体而言，同一控制变量对打算生育意愿的影响程度大都高于理想生育意愿，这在户口、民族、个人收入、已生育子女数等变量中均有体现。与理想生育意愿模型不同的是，随着年龄的增长，40~49 岁女性的打算生育意愿呈现不断下降趋势。由于打算生育意愿更接近生育实际，这也从侧面体现出基本完成生育期女性面对生育的"后悔"或"不满意"情绪。

非农业户口女性的打算生育意愿低于农业户口女性；少数民族女性的打算生育意愿明显高于汉族女性；中间阶层女性打算生育 3 孩及以上的可能性低于低阶层，高阶层没有显著差异；个人收入与打算生育意愿呈现负相关，而家庭收入没有显著差异；单独和双非家庭女性的打算生育意愿高于双独家庭，但不显著，且实际生育数越多的女性，打算生育意愿越强；与理想生育意愿模型相似的是，西部地区的打算生育意愿高于东部地区，而东北地区则低于东部地区。

从实际生育模型来看，女性的家庭收入变量、职业类型等变量对生育实际的影响与以上两个模型方向存在不同，其他控制变量则大致相同。具体而言，随着年龄的增长，40~49 岁女性的实际生育数呈现上升趋势；非农业户口女性实际生育数低于农业户口女性；少数民族女性实际生育数高于汉族女性；中间阶层和高阶层女性的实际生育数均低于低阶层女性；家庭收入与实际生育数呈现负相关，即家庭收入越高的女性，实际生育数越低，这与理想生育意愿的趋势完全相反；单独和双非家庭的实际生育数明显高于双独家庭；中部和西部地区的实际生育数高于东部地区，而东北地区则低于东部地区。

综合比较三组模型发现，与理想生育意愿相比，打算生育意愿更接近女性真实的生育意愿。按照前文的理论阐述，其转化为实际生育行为的可能性也更大。因此，各类控制变量，如年龄队列、户口、民族等现实性因素对打算生育意愿的影响明显大于理想生育意愿，这一点和生育旺盛期女性的模型结果相同。反观实际生育数，在受教育程度、女性的家庭收入、职业类型方面，呈现与理想和打算生育意愿不同的特征，且差异十分明显。

总体来看，对于基本完成生育期的女性而言，受教育程度、家庭收入以及职业阶层越高，其实际生育数反而越低，这与理想生育意愿的变化趋势刚好相反，也从侧面反映出 40~49 岁女性的生育意愿与实际之间出现了偏离，与之前的数据描述结果基本一致。原因在于，与生育旺盛期的女性相比，基本完成生育期的女性受计划生育政策影响明显更大。在她们年轻的时候，大量女性无法按照原定计划生育，生育意愿受到抑制。而在生育政策相对宽松之后，该群体又错过了最佳生育期。因此，原有的生育意愿无法转变为生育实际，这就导致生育意愿与行为之间的偏离。

三　不同生育状况下基本完成生育期女性受教育程度对生育意愿的影响

（一）理想生育意愿

前文对基本完成生育期女性的受教育程度对于理想生育意愿的总体影响进行了分析，发现在控制了其他变量之后，不同受教育程度情况下基本完成生育期女性的理想生育意愿存在显著不同。总体而言，受教育程度与理想生育意愿之间呈现一个正 U 型的曲线关系，即受教育程度最低和最高女性的打算生育意愿较高，并在多孩（3 孩及以上）生育意愿样本中体现得更为明显。本书将样本群体细分为已生育 0~1 孩、已生育 2 孩、已生育 3 孩及以上三组，分别纳入模型进行回归分析。与上文的分析方式相同，因变量为基本完成生育期女性的理想生育意愿，以女性的受教育程度为核心自变量，同时纳入年龄队列、户口等 9 个控制变量，共同构建基本完成生育期女性生育意愿的 Multinomial Logistic 模型，探讨不同生育状况下基本完成生育期女性的受教育程度对理想生育意愿的影响。模型回归结果如表 3-9 所示。

表 3-9　不同生育状况下基本完成生育期女性的
受教育程度对理想生育意愿的影响

变量	已生育 0~1 孩		已生育 2 孩		已生育 3 孩及以上	
	2 孩 / 0~1 孩	3 孩及以上 / 0~1 孩	2 孩 / 0~1 孩	3 孩及以上 / 0~1 孩	2 孩 / 0~1 孩	3 孩及以上 / 0~1 孩
受教育程度（小学及以下）						
初中	−0.02	−0.74***	0.02	−0.46***	0.16	−0.09
高中	−0.02	−0.37*	0.22	−0.40	0.45	−0.10
大学专科	0.15*	0.18	0.07	0.34	12.65	12.44
大学本科及以上	0.18*	0.90***	1.02	1.09	13.79	12.13
年龄队列（40~44 岁）						
45~49 岁	0.16***	0.31***	−0.06	0.08	−0.13	−0.14
户口（农业）						
非农业	−0.04	0.14	−0.19	−0.60***	−0.78*	−0.82*
民族（汉族）						
少数民族	0.04	0.53***	0.50**	0.78***	−0.55*	−0.10
职业类型（低阶层）						
中间阶层	−0.01	0.04	−0.04	−0.01	−0.39	−0.29
高阶层	0.25***	0.28	−0.16	−0.29	−1.76***	−1.24**
个人收入	−0.06*	−0.27***	0.07	0.00	0.02	−0.08
家庭收入	0.20***	0.25**	0.15**	0.12	0.31**	0.23

续表

变量	已生育 0~1 孩		已生育 2 孩		已生育 3 孩及以上	
	2 孩 / 0~1 孩	3 孩及以上 / 0~1 孩	2 孩 / 0~1 孩	3 孩及以上 / 0~1 孩	2 孩 / 0~1 孩	3 孩及以上 / 0~1 孩
夫妻独生属性（双独家庭）						
单独家庭	0.46***	0.75*	0.64	1.21*	3.20***	2.44**
双非家庭	0.69***	1.38***	1.09***	2.10***	2.61***	2.05**
调查地区（东部地区）						
中部地区	0.38***	0.44***	−0.21	−0.11	−0.14	−0.86***
西部地区	0.16***	0.14	−0.09	0.08	−0.04	−0.23
东北地区	−0.82***	−1.53***	−0.56***	−2.92***	−1.74***	−2.57***
常数项	−0.92***	−3.66***	0.66	−1.70*	−2.04	0.42
LR chi^2（40）	959.74	0.0408	468.53	468.53	320.98	320.98
Pseudo R^2	0.0408	0.0408	0.0278	0.0278	0.0338	0.0338
样本数	19664	19664	20800	20800	6188	6188

注：① 因变量以"理想生育 0~1 孩"为参照组；② 为了展示模型结果的影响方向，表中呈现的是标准化回归系数；③ *** $p<0.01$，** $p<0.05$，* $p<0.1$。

1. 不同生育状况下受教育程度对女性理想生育意愿的影响

从三组不同样本的模型结果来看，以"理想生育 0~1 孩"为参照组，在控制了其他变量之后，基本完成生育期女性受教育程度在"理想生育 2 孩"以及"理想生育 3 孩及以上"两组模型中部分影响显著，但在不同样本之间，方向和系数均有所不同。在已生育 0~1 孩的样本中，学历对理想生育意愿的影响呈现正 U 型关系，由负向显著变成正向显著，即受教育程度最低和最高女性的理想生育意愿较高，这与总体模型基本保持一致。对比不同样本发现，在已生育 2 孩和 3 孩及以上的样本中，受教育程度与理想生育意愿的关系基本和前者相同，但是结果并不显著。这表明，对于已生育 2 孩及以上的女性而言，受教育程度对理想生育意愿并无明显影响。

2. 不同生育状况下控制变量对女性理想生育意愿的影响

对比三组不同模型发现，在已生育 0~1 孩的样本中，控制了其他变量后，不同年龄队列女性的理想生育意愿之间具有显著差异，女性的理想生育意愿随着年龄的增长而上升；农业户口与非农业户口女性的理想生育意愿之间没有显著差异；少数民族女性理想生育意愿高于汉族女性；在不同职业类型中，中间阶层女性的理想生育意愿与低阶层没有显著差异，但高阶层女性的理想生育意愿高于低阶层；女性的个人收入与理想生育意愿呈现负相关关系，而家庭收入呈现正相关关系，这和总体模型保持一致。

夫妻独生属性对理想生育意愿具有显著影响，单独和双非家庭的理想生育意愿明显高于双独家庭；不同调查地区女性的理想生育意愿有所不同，中部和西部地区的理想生育意愿高于东部地区，而东北地区的理想生育意愿低于东部地区。在已生育 2 孩的样本中，大多数控制变量的方向和系数都与已生育 0~1 孩的样本相近，只是少数几个变量有所不同。反观已生育 3 孩及以上的样本，高阶层女性的理想生育意愿低于低阶层，这一点与已生育 0~1 孩女性的方向相反。综上所述，对于基本完成生育期的女性而言，实际生育数偏少的高阶层女性理想生育意愿较高，而实际生育数较多的女性的理想生育意愿偏低，总体呈现一种"双向"矛盾效应。

（二）打算生育意愿

前文在对基本完成生育期女性的受教育程度对于打算生育意愿影响的研究中发现，在控制了其他变量之后，不同受教育程度情况下，基本完成生育期女性打算生育意愿存在显著不同。本书将样本群体划分为已生育 0~1 孩、已生育 2 孩、已生育 3 孩及以上三组，分别纳入模型进行回归分析。与上文的分析方式相同，因变量为基本完成生育期女性的打算生育意愿，以女性的受教育程度为核心自变量，同时纳入年龄队列、户口等 9 个控制变量，共同构建基本完成生育期女性生育意愿的 Multinomial Logistic 模型，探讨不同生育状况下基本完成生育期女性的受教育程度对理想生育意愿的影响。模型回归结果如表 3-10 所示。

表 3-10　不同生育状况下基本完成生育期女性的
受教育程度对打算生育意愿的影响

变量	已生育 0~1 孩		已生育 2 孩		已生育 3 孩及以上	
	2 孩 / 0~1 孩	3 孩及以上 / 0~1 孩	2 孩 / 0~1 孩	3 孩及以上 / 0~1 孩	2 孩 / 0~1 孩	3 孩及以上 / 0~1 孩
受教育程度（小学及以下）						
初中	0.12	−0.44	−0.06	−0.23	−1.97**	−2.07**
高中	0.27*	−0.49	−0.93***	−0.50	−2.71**	−2.94***
大学专科	0.74***	−0.78	−1.18***	−0.45	−3.55**	−3.59***
大学本科及以上	0.76***	−0.02	−1.15**	0.30	−64.84	35.32
年龄队列（40~44 岁）						
45~49 岁	−1.05***	−0.41	−0.48***	−1.18***	−0.51	−0.40
户口（农业）						
非农业	−0.21**	0.69*	−0.80***	−0.94**	−1.56**	−1.51**
民族（汉族）						
少数民族	0.44***	0.83**	0.51	1.24***	0.86	1.02
职业类型（低阶层）						
中间阶层	0.00	0.51	−0.28	−0.64**	−1.43*	−1.58**
高阶层	0.16	0.55	−0.07	−0.46	−2.22*	−2.47**
个人收入	−0.15**	−0.46**	0.02	0.07	0.13	0.10
家庭收入	−0.06	0.09	0.09	0.01	0.02	0.02
夫妻独生属性（双独家庭）						
单独家庭	−0.03	−0.08	0.80*	0.36	17.68***	2.90**
双非家庭	−0.01	−0.31	1.58***	1.33	19.93***	5.03***
调查地区（东部地区）						
中部地区	−0.05	−2.81***	0.23	0.02	−0.13	0.20
西部地区	−0.09	−0.20	0.34	0.63**	−0.65	0.02
东北地区	−0.43***	−0.35	−0.02	−1.16*	−2.26**	−2.02**

续表

变量	已生育 0~1 孩		已生育 2 孩		已生育 3 孩及以上	
	2 孩 / 0~1 孩	3 孩及以上 / 0~1 孩	2 孩 / 0~1 孩	3 孩及以上 / 0~1 孩	2 孩 / 0~1 孩	3 孩及以上 / 0~1 孩
常数项	−0.73	−1.96	2.76**	−0.85	−15.53	2.83
LR chi^2（40）	314.50	314.50	202.57	202.57	106.30	106.30
Pseudo R^2	0.0412	0.0412	0.0468	0.0468	0.0561	0.0561
样本数	19676	19676	20806	20806	6197	6197

注：① 因变量以"打算生育 0~1 孩"为参照组；② 为了展示模型结果的影响方向，表中呈现的是标准化回归系数；③ *** $p<0.01$，** $p<0.05$，* $p<0.1$。

1. 不同生育状况下受教育程度对女性打算生育意愿的影响

从三组不同样本的模型结果来看，以"打算生育 0~1 孩"为参照组，在控制了其他变量之后，基本完成生育期女性的受教育程度在"打算生育 2 孩"以及"打算生育 3 孩及以上"两组模型中均具有显著影响，但在不同样本之间，方向和系数有所不同。总体而言，对于已生育 0~1 孩的女性来说，打算生育 2 孩的意愿随着受教育程度的升高而升高。反观已生育 2 孩和 3 孩及以上的女性，趋势则完全相反，受教育程度与打算生育意愿之间呈现明显的负相关关系。

这和前文打算生育意愿的总体模型并不相似，反而和实际生育模型具有较大的一致性。未区分已生育状况的打算生育意愿总体模型中，受教育程度最低和最高女性的打算生育意愿较高，受教育程度与打算生育意愿之间呈正 U 型关系。但在不同的生育状况之下，受教育程度与生育意愿则呈现更为复杂的状态。具体而言，对于实际生育数偏少的女性，打算生育意愿随着受教育程度的升高而升高。反观实际生育数较多的女性，打算生育意愿则呈现相反的态势。换言之，实际生育数少的高学历女性更渴望多生，而实际生育数多的高学历女性反而渴望少生，呈现一种"双向"偏离的态势。

2. 不同生育状况下控制变量对女性打算生育意愿的影响

对比三组不同模型发现，在已生育 0~1 孩的样本中，控制了其他变量之后，不同年龄队列女性的打算生育意愿之间具有显著差异。与理想生育意愿不同的是，基本完成生育期女性的打算生育意愿随年龄的增长而降低，这也从侧面体现出基本完成生育期女性对生育的"后悔"或"不满意"情绪；而少数民族女性打算生育意愿高于汉族女性；职业类型和夫妻独生属性对打算生育意愿的影响没有显著差异；个人收入越高女性的打算生育意愿越低；同时不同调查地区女性的打算生育意愿有所不同，东北地区女性的打算生育意愿低于东部地区。在已生育 2 孩的样本中，大多数控制变量的方向和系数都与已生育 0~1 孩的样本相近，只有少数几个变量有所不同。与总体情况不同的是，在已生育 3 孩及以上的样本中，中间阶层和高阶层女性的打算生育意愿均低于低阶层，更接近实际生育模型。这说明，在已经生育 3 孩及以上的女性中，职业阶层越高，女性对生育现状不满的可能性越高。

第三节　婚姻匹配的中介作用

一　生育旺盛期女性婚姻匹配与生育意愿的总体特征描述

在生育旺盛期女性理想与打算生育意愿的分布中，不同的社会人口特征之间存在较大的差异。表 3-11 针对教育婚姻匹配、收入婚姻匹配以及职业婚姻匹配三组不同的特征，进行了理想、打算与实际生育数之间的比较，可以发现在 20~39 岁女性内部不同群体之间，生育意愿与实际生育数之间的差异结构，具体分析如下。

（一）理想、打算生育意愿与实际生育数之间存在偏离

从不同婚姻匹配变量的数据结果来看，理想、打算生育意愿与实际生育数之间的偏离较为普遍。总体而言，理想、打算生育意愿与实际生育数三者之间呈现依次递减关系。具体来说，在教育婚姻匹配之中，随着夫妻受教育程度的提升，生育意愿与实际生育数逐渐降低。其中，理想生育意愿的降低并不明显，夫妻同为小学及以下的，理想生育数为 2.23 个，而夫妻同为大学本科及以上的，理想生育数为 1.85 个，两者仅相差 0.38 个。总体来看，无论受教育程度高还是低，她们的理想生育意愿都在 2.00 个

左右徘徊。反观同样教育婚姻匹配结构下的打算生育意愿，两者差异则为0.77个，这也从侧面说明，受教育程度越高的夫妻，打算生育意愿降低得越明显。

在理想与打算生育意愿的对比之中，夫高妻低的教育婚姻匹配模式均高于夫低妻高，即在传统的教育婚姻匹配模式中，妻子的理想与打算生育意愿较高。在收入婚姻匹配之中，生育意愿与实际生育数随着夫妻收入水平的提升不断降低。夫妻同为高收入相比低收入，女性的理想生育意愿从2.21个降为1.87个，而打算生育意愿从2.24个降为1.57个，明显打算生育意愿的下降速度更快。与受教育程度相似的是，收入越高的夫妻，实现理想生育意愿的可能性越低。在夫高妻低和夫低妻高的收入婚姻匹配模式中，两者的理想生育意愿相等，但打算生育意愿相差0.06个，这说明在丈夫收入较高的家庭中，女性的打算生育意愿较高。在职业婚姻匹配中，夫妻同为高阶层的生育意愿与实际生育数均低于低阶层，理想与打算生育意愿分别相差0.19个和0.47个。在理想与打算生育意愿的对比中，夫高妻低的职业婚姻匹配模式均高于夫低妻高，呈现与教育和收入婚姻匹配相似的特征（见表3-11）。

表3-11   不同婚姻匹配下生育旺盛期女性理想、打算
生育意愿与实际生育数之间的差异

单位：个

变量	理想	打算	实际
教育婚姻匹配			
夫妻同为小学及以下	2.23	2.29	2.14
夫妻同为初中	2.02	1.97	1.71
夫妻同为高中	1.91	1.72	1.35
夫妻同为大专	1.85	1.58	1.10
夫妻同为大学本科及以上	1.85	1.52	1.04
夫高妻低	2.00	1.89	1.59
夫低妻高	1.94	1.78	1.41

续表

变量	理想	打算	实际
收入婚姻匹配			
夫妻同为低收入	2.21	2.24	1.97
夫妻同为中等收入	1.92	1.73	1.40
夫妻同为高收入	1.87	1.57	1.18
夫高妻低	1.98	1.84	1.53
夫低妻高	1.98	1.78	1.44
职业婚姻匹配			
夫妻同为低阶层	2.07	2.05	1.81
夫妻同为中间阶层	1.91	1.71	1.37
夫妻同为高阶层	1.88	1.58	1.16
夫高妻低	1.96	1.77	1.46
夫低妻高	1.93	1.73	1.38
总体	1.98	1.86	1.54

（二）二孩生育意愿占比最高，但落地实施难度大

从数据描述结果来看，不同婚姻匹配模式下的理想与打算生育意愿之间有很大差异。具体而言，在各种教育婚姻匹配模式中，理想生育 2 孩的占比均最高。换言之，无论教育婚姻匹配模式为何，女性理想生育 2 孩的比例都在 80% 上下，并不随婚姻匹配模式的变化而变化。但反观打算生育意愿，情况却并非如此：夫妻同为小学及以下，打算生育 2 孩的占比为 56.42%，而夫妻同为大学本科及以上，占比为 49.19%，发生了明显锐减。与此同时，夫妻同为大学本科及以上的，实际生育 2 孩的占比仅为 17.02%，远低于夫妻同为小学及以下的（53.39%）。这说明，随着夫妻受教育程度的提升，女性生育理想与实际生育行为之间发生偏离的可能性越大。

在夫高妻低和夫低妻高的教育婚姻匹配模式的对比中，理想与打算生育 2 孩的占比差异性不大，分别在 80% 和 60% 左右，但实际生育数之间存在一定差异。夫高妻低实际生育 2 孩的比例为 43.76%，高出夫低妻高 7.46 个百分点，即在传统的教育婚姻匹配模式中，实际生育 2 孩的可能性会增加。在 0~1 孩的理想与打算生育意愿的对比中可以发现，随着受教育程度的提升，女性理想与打算生育 0~1 孩的可能性随之增加，夫妻同为大学本科及以上，打算生育 2 孩的比例与 0~1 孩旗鼓相当，但在实际生育数方面，却远低于 0~1 孩。这也和受教育程度在一定程度上会导致初婚初育年龄推迟相关，有着更高生育打算且仍在生育旺盛期的夫妻，可能在完成一孩生育之后继续追生 2 孩。

在收入婚姻匹配中同样发现，无论在何种收入婚姻匹配模式之下，女性理想生育 2 孩的占比均为最高，但具体的数值存在一定差异。例如，夫妻同为中等收入，女性理想和打算生育 2 孩的比例高于其他匹配类型，分别为 82.17% 和 60.36%，但实际生育 2 孩比例最高的依旧为夫妻同为低收入的女性，占比为 49.16%。夫妻同为高收入的女性，打算生育意愿与实际生育数都较低，即对 2 孩生育的积极性不高。在夫高妻低和夫低妻高的收入婚姻匹配模式的对比中，夫高妻低的女性理想与打算生育意愿均高于夫低妻高的女性，实际生育数同样如此。在 0~1 孩的理想与打算生育意愿的对比中可以发现，随着夫妻收入水平的提升，女性理想与打算生育 0~1 孩的可能性随之增加。夫妻同为高收入，女性理想生育 0~1 孩的比例仅为 17.60%，但实际生育 0~1 孩的比例为 74.67%，是理想与实际偏离最明显的群体。

在职业婚姻匹配中，理想生育 2 孩的占比依旧最高，而且不同职业匹配类型的差异并不大，均在 80% 上下。但打算生育 2 孩的比例明显降低，夫妻同为低阶层的为 62.71%，而夫妻同为高阶层的为 52.79%，两者相差 10 个百分点左右。与此同时，实际生育数的差异更加明显。夫妻同为高阶层明显低于夫妻同为低阶层，分别为 22.13% 和 51.86%，相差 30 个百分点左右。这说明，随着夫妻职业婚姻匹配阶层的提高，女性生育意愿与实际生育行为之间的差距逐渐拉大。在夫高妻低和夫低妻高的职业婚姻匹配模式的对比中，理想与打算生育 2 孩占比的差距不大，分别在 80% 和 60% 上下，但在实际生育行为中，夫高妻低比夫低妻高匹配生育 2 孩的比例高了 0.97 个百分点。在 0~1 孩的理想与打算生育意愿的对比中可以发现，随着阶层的提升，女性理想与打算生育 0~1 孩的可能性随之增加。夫妻同为高阶层，理想生育 0~1 孩的比例仅为 15.88%，但有 76.45% 的女性实际生育了 0~1 孩。由于该样本考察的是生育旺盛期女性的生育意愿与行为，因此后续还有继续生育的可能（见表 3-12）。

表 3-12 不同婚姻匹配下生育旺盛期女性理想、打算
生育意愿与实际生育数所占比例

单位：%

变量	理想生育意愿			打算生育意愿			实际生育数		
	0~1 孩	2 孩	3 孩及以上	0~1 孩	2 孩	3 孩及以上	0~1 孩	2 孩	3 孩及以上
教育婚姻匹配									
夫妻同为小学及以下	6.83	71.03	22.14	13.18	56.42	30.40	20.57	53.39	26.04
夫妻同为初中	8.04	82.92	9.04	18.83	67.61	13.56	37.63	52.96	9.40
夫妻同为高中	12.96	83.08	3.96	33.45	60.88	5.67	62.31	34.85	2.83
夫妻同为大专	17.70	80.26	2.03	44.32	53.72	1.96	79.63	19.66	0.71
夫妻同为大学本科及以上	18.53	78.06	3.41	49.32	49.19	1.49	82.75	17.02	0.23
夫高妻低	10.51	80.80	8.70	25.99	61.60	12.42	47.24	43.76	9.00
夫低妻高	13.02	80.98	6.00	31.25	60.34	8.41	58.57	36.30	5.13
总体	11.15	80.75	8.10	27.25	61.41	11.34	50.18	41.84	7.99
收入婚姻匹配									
夫妻同为低收入	8.08	70.25	21.67	16.16	55.67	28.18	30.25	49.16	20.59
夫妻同为中等收入	13.07	82.17	4.76	33.81	60.36	5.83	58.28	37.58	4.15
夫妻同为高收入	17.60	78.25	4.15	46.81	49.11	4.08	74.67	23.16	2.17
夫高妻低	11.51	80.81	7.68	29.23	60.09	10.68	51.17	40.92	7.90
夫低妻高	13.23	77.84	8.94	34.69	55.10	10.22	58.10	34.48	7.42
总体	12.00	80.29	7.71	30.63	59.08	10.29	53.03	39.43	7.54
职业婚姻匹配									
夫妻同为低阶层	8.55	78.60	12.85	18.86	62.71	18.42	34.10	51.86	14.04

续表

变量	理想生育意愿			打算生育意愿			实际生育数		
	0~1 孩	2 孩	3 孩及以上	0~1 孩	2 孩	3 孩及以上	0~1 孩	2 孩	3 孩及以上
夫妻同为中间阶层	14.52	80.16	5.32	35.83	57.55	6.62	60.84	34.72	4.44
夫妻同为高阶层	15.88	80.42	3.70	44.38	52.79	2.83	76.45	22.13	1.42
夫高妻低	12.38	80.88	6.74	33.48	57.34	9.19	55.93	37.06	7.01
夫低妻高	12.53	82.20	5.27	34.01	59.78	6.22	60.05	36.09	3.85
总体	12.09	80.10	7.80	30.56	59.03	10.41	52.82	39.61	7.57

二 婚姻匹配对生育旺盛期女性生育意愿的中介作用

（一）理想生育意愿

在前文对生育旺盛期女性生育意愿影响的实证分析基础之上，本部分进一步将教育、收入、职业三组婚姻匹配模式纳入，探索在不同婚姻匹配模式下生育旺盛期女性理想生育意愿的差异。在此基础上，对核心自变量女性受教育程度对因变量的影响进行 KHB 分解，进一步探讨婚姻匹配的中介效应。具体操作过程中，在控制了年龄队列、户口等变量之后，分别纳入了教育婚姻匹配、收入婚姻匹配和职业婚姻匹配三组变量，共同构建生育旺盛期女性理想生育意愿的 Multinomial Logistic 模型。回归结果如表 3-13 所示。

表 3-13 婚姻匹配对生育旺盛期女性理想生育意愿的影响

变量	模型 1	模型 2	模型 3	模型 4
理想生育 2 孩 / 理想生育 0~1 孩				
教育婚姻匹配（夫妻同为小学及以下）				
夫妻同为初中	0.50***			0.48***
夫妻同为高中	0.43***			0.40***
夫妻同为大专	0.49***			0.46***
夫妻同为大学本科及以上	0.65***			0.60***

续表

变量	模型 1	模型 2	模型 3	模型 4
夫高妻低	0.44***			0.41***
夫低妻高	0.42***			0.39***
收入婚姻匹配（夫妻同为低收入）				
夫妻同为中等收入		0.20		0.14
夫妻同为高收入		0.17		0.04
夫高妻低		0.19		0.11
夫低妻高		0.14		0.06
职业婚姻匹配（夫妻同为低阶层）				
夫妻同为中间阶层			0.02	−0.01
夫妻同为高阶层			0.21***	0.13*
夫高妻低			0.12**	0.09
夫低妻高			0.13**	0.11*
控制变量	控制	控制	控制	控制
常数项	1.04***	1.33***	1.45***	0.93***
LR chi^2（40）	10940.28	10858.47	10841.95	11003.62
Pseudo R^2	0.2058	0.2043	0.2040	0.2070
样本数	42262	42262	42262	42262
理想生育 3 孩及以上 / 理想生育 0~1 孩				
教育婚姻匹配（夫妻同为小学及以下）				
夫妻同为初中	0.18			0.19*
夫妻同为高中	−0.23			−0.21
夫妻同为大专	−0.23			−0.21
夫妻同为大学本科及以上	0.83***			0.82***
夫高妻低	0.20*			0.20*
夫低妻高	−0.01			−0.01
收入婚姻匹配（夫妻同为低收入）				
夫妻同为中等收入		−0.46**		−0.42**

续表

变量	模型 1	模型 2	模型 3	模型 4
夫妻同为高收入		-0.13		-0.25
夫高妻低		-0.27		-0.29*
夫低妻高		-0.04		-0.04
职业婚姻匹配（夫妻同为低阶层）				
夫妻同为中间阶层			-0.18**	-0.13*
夫妻同为高阶层			0.15	-0.01
夫高妻低			-0.01	-0.00
夫低妻高			0.01	0.04
控制变量	控制	控制	控制	控制
常数项	-2.12***	-1.70***	-1.90***	-1.82***
LR chi^2（40）	10940.28	10858.47	10841.95	11003.62
Pseudo R^2	0.2058	0.2043	0.2040	0.2070
样本数	42262	42262	42262	42262

注：① 因变量以"理想生育 0~1 孩"为参照组；② 为了展示模型结果的影响方向，表中呈现的是标准化回归系数；③ *** $p<0.01$，** $p<0.05$，* $p<0.1$。

1. 不同婚姻匹配模式对女性理想生育意愿的影响

在纳入三组婚姻匹配模式变量的模型之中，以"理想生育 0~1 孩"为参照组。在控制了其他变量之后，教育与职业婚姻匹配在生育旺盛期女性"理想生育 2 孩"以及"理想生育 3 孩及以上"两组模型中均有显著影响。具体来看，对于教育婚姻匹配而言，随着受教育程度的提升，女性理想生育意愿升高的可能性逐渐增加，夫妻的受教育程度与理想生育意愿之间呈现正 U 型关系，即夫妻同为初中和大学本科及以上学历女性的理想生育意愿更高，而夫妻同为高中和大专学历的次之。总体而言，在受教育程度较低和较高的婚姻匹配模式之下，女性的理想生育意愿比较高。

再看受教育程度有差异的夫妻，夫高妻低和夫低妻高教育婚姻匹配模式下，女性的理想生育意愿同样较高，但与夫妻受教育程度均较高，即同为大学本科及以上相比仍有差距。职业婚姻匹配与理想生育意愿之间呈现正相关，与夫高妻低及夫低妻高的职业婚姻匹配模型相比，夫妻同为高阶层，女性的理想生育意愿明显更高；收入婚姻匹配模型中各变量对女性理想生育意愿的影响并不显著；在纳入全部变量的模型4中，大多数婚姻匹配变量的方向和系数较为稳定。

2. 婚姻匹配的中介效应

为了进一步检验模型结果的正确性，在前文 Multinomial Logistic 分析的基础上，下面对核心自变量女性的受教育程度对因变量的影响进行 KHB 分解，进一步探讨婚姻匹配的中介效应。其中，直接效应指的是核心自变量不通过其他变量而直接作用于因变量的影响结果，间接效应指的是核心自变量通过中间变量的中介作用而对因变量产生的影响，总效应则是二者加总。

从总体上看，与其他几组嵌套模型结果相比，在教育婚姻匹配的嵌套模型中，受教育程度变量发生的变化最大。以初中和大学本科及以上学历的女性为例，在 2 孩 /0~1 孩样本中，初中学历影响生育旺盛期女性理想生育意愿的总效应为 0.19，直接效应为 0.25，间接效应为 -0.06。与此同时，大学本科及以上学历影响生育旺盛期女性理想生育意愿的总效应为 0.28，直接效应为 0.18，间接效应为 0.10。这意味着，与间接效应相比，受教育程度对生育旺盛期女性的理想生育意愿的直接效应更明显。换言之，女性受教育程度不仅能对生育旺盛期女性的理想生育意愿产生影响，还可以通过婚姻匹配变量对理想生育意愿产生间接影响。由此可知，女性受教育程度可以通过直接和间接两种途径作用于因变量。这也进一步验证了做嵌套模型回归的必要性。总体来看，结果与上述研究结论基本保持一致（见表3-14）。

表 3-14　生育旺盛期女性理想生育意愿核心自变量的 KHB 分解

学历		效应	教育婚姻匹配	收入婚姻匹配	职业婚姻匹配	全模型
初中	2孩/0~1孩	总效应	0.19***	0.18***	0.18***	0.19***
		直接效应	0.25***	0.18***	0.18***	-0.07
		间接效应	-0.06	0.00	0.00	0.26***

续表

学历		效应	教育婚姻匹配	收入婚姻匹配	职业婚姻匹配	全模型
初中	3孩及以上/0~1孩	总效应	−0.05	−0.08	−0.06	−0.07
		直接效应	0.24**	−0.07	−0.06	−0.31**
		间接效应	−0.29**	−0.01	0.00	0.24**
高中	2孩/0~1孩	总效应	0.17**	0.16**	0.17**	0.16**
		直接效应	0.13*	0.16**	0.16*	0.02
		间接效应	0.04	0.00	0.01**	0.14*
	3孩及以上/0~1孩	总效应	−0.29**	−0.31***	−0.29**	−0.31***
		直接效应	0.00	−0.31***	−0.30***	−0.32*
		间接效应	−0.29*	−0.00	0.01*	0.01
大学专科	2孩/0~1孩	总效应	0.22**	0.22**	0.22**	0.21**
		直接效应	0.13*	0.22**	0.21**	0.07
		间接效应	0.09	−0.00	0.01	0.14*
	3孩及以上/0~1孩	总效应	−0.07	−0.24	−0.20	−0.24*
		直接效应	0.07	−0.24	−0.22	−0.20
		间接效应	−0.14	0.00	0.02	−0.04
大学本科及以上	2孩/0~1孩	总效应	0.28***	0.27***	0.28***	0.26***
		直接效应	0.18*	0.28***	0.27***	0.08
		间接效应	0.10	−0.01	0.01	0.18*
	3孩及以上/0~1孩	总效应	0.51***	0.49***	0.51***	0.48***
		直接效应	0.26	0.46***	0.51***	0.17
		间接效应	0.25	0.03**	0.00	0.31

注：*** $p<0.01$，** $p<0.05$，* $p<0.1$。

（二）打算生育意愿

在前文对生育旺盛期女性生育意愿影响的实证分析基础之上，本部分进一步将教育、收入、职业三组婚姻匹配模式纳入，探索在不同婚姻匹配模式下生育旺盛期女性打算生育意愿的差异。在此基础上，对核心自变量女性受教育程度对因变量的影响进行 KHB 分解，进一步探讨婚姻匹配的中介效应。具体操作过程中，在控制了年龄队列、户口等变量之后，分别纳入了教育婚姻匹配、收入婚姻匹配和职业婚姻匹配三组变量，共同构建生育旺盛期女性打算生育意愿的 Multinomial Logistic 模型。回归结果如表 3-15 所示。

表 3-15　婚姻匹配对生育旺盛期女性打算生育意愿的影响

变量	模型 1	模型 2	模型 3	模型 4
打算生育 2 孩 / 打算生育 0~1 孩				
教育婚姻匹配（夫妻同为小学及以下）				
夫妻同为初中	0.31***			0.32***
夫妻同为高中	0.20*			0.22**
夫妻同为大专	0.40***			0.42***
夫妻同为大学本科及以上	0.55***			0.54***
夫高妻低	0.26***			0.28***
夫低妻高	0.31***			0.32***
收入婚姻匹配（夫妻同为低收入）				
夫妻同为中等收入		-0.00		-0.02
夫妻同为高收入		-0.01		-0.10
夫高妻低		-0.03		-0.04
夫低妻高		-0.08		-0.11
职业婚姻匹配（夫妻同为低阶层）				
夫妻同为中间阶层			-0.08*	-0.10**
夫妻同为高阶层			0.17***	0.07
夫高妻低			-0.06	-0.09*
夫低妻高			0.03	0.00
控制变量	控制	控制	控制	控制
常数项	0.35***	0.70***	0.70***	0.44**

续表

变量	模型 1	模型 2	模型 3	模型 4
LR chi^2（40）	38424.14	38392.64	38412.70	38500.27
Pseudo R^2	0.5004	0.5000	0.5003	0.5014
样本数	42285	42285	42285	42285
打算生育 3 孩及以上 / 打算生育 0~1 孩				
教育婚姻匹配（夫妻同为小学及以下）				
夫妻同为初中	0.08			0.15
夫妻同为高中	−0.12			0.02
夫妻同为大专	−0.40*			−0.23
夫妻同为大学本科及以上	0.31			0.43**
夫高妻低	0.12			0.21
夫低妻高	0.11			0.21
收入婚姻匹配（夫妻同为低收入）				
夫妻同为中等收入		−0.94***		−0.82***
夫妻同为高收入		−0.33		−0.24
夫高妻低		−0.59***		−0.52***
夫低妻高		−0.51**		−.42**
职业婚姻匹配（夫妻同为低阶层）				
夫妻同为中间阶层			−0.42***	−0.38***
夫妻同为高阶层			−0.28*	−0.32*
夫高妻低			−0.35***	−0.35***
夫低妻高			−0.23**	−0.22**
控制变量	控制	控制	控制	控制
常数项	−2.47***	−1.83***	−1.83***	−1.83***
LR chi^2（40）	38424.14	38392.64	38412.70	38500.27

续表

变量	模型 1	模型 2	模型 3	模型 4
Pseudo R^2	0.5004	0.5000	0.5003	0.5014
样本数	42285	42285	42285	42285

注：① 因变量以"打算生育 0~1 孩"为参照组；② 为了展示模型结果的影响方向，表中呈现的是标准化回归系数；③ *** $p<0.01$，** $p<0.05$，* $p<0.1$。

1. 不同婚姻匹配模式对女性打算生育意愿的影响

在纳入三组婚姻匹配模式变量的模型之中，以"打算生育 0~1 孩"为参照组，在控制了其他变量之后，婚姻匹配在生育旺盛期女性"打算生育 2 孩"以及"打算生育 3 孩及以上"两组模型中均有显著影响。具体而言，在教育婚姻匹配的模型中，与理想生育意愿相似的是，夫妻受教育程度与打算生育意愿之间呈现正 U 型关系，即夫妻同为初中和大学本科及以上学历的打算生育意愿更高，而同为高中和大专学历的次之。无论夫高妻低还是夫低妻高的教育婚姻匹配模式，女性打算生育 2 孩的可能性均较高。

收入婚姻匹配变量打算生育 2 孩的模型结果并不显著。但与打算生育 0~1 孩相比，无论是夫妻同为中等收入，还是夫妻收入水平有差距，打算生育 3 孩及以上的可能性均显著低于低收入。对于不同职业婚姻匹配模式而言，与夫妻同为低阶层相比，夫妻同为高阶层，打算生育 2 孩的可能性更高，但对 3 孩及以上的生育意愿并不强烈。在纳入全部变量的模型 4 中，大多数婚姻匹配变量的方向变化不大，总体趋势保持不变。

2. 婚姻匹配的中介效应

通过 KHB 分解法，可以看到女性受教育程度在教育、收入和职业婚姻匹配以及全模型中各个维度的净效应。通过不同嵌套模型之间的对比，我们将女性受教育程度对打算生育意愿影响的效应进行分解和检验，分析出生育旺盛期女性不同于基础模型的部分特征。

总体而言，教育婚姻匹配相比职业和收入婚姻匹配变量，对模型的研究结果影响更大。以高中和大学专科学历的女性为例，在 2 孩 /0~1 孩样本中，高中学历影响生育旺盛期女性打算生育意愿的总效应为 0.25，直接效应为 0.19，间接效应为 0.06。与此同时，大学专科学历影响生育旺盛期女性打算生育意愿的总效应为 0.42，直接效应为 0.33，间接效应为 0.09。这意味着与间接效应相比，受教育程度对生育旺盛期女性打算生育意愿的直接效应更明显。从结果来看，与上述研究结论基本保持一致（见表 3-16）。

表 3-16　生育旺盛期女性打算生育意愿核心自变量的 KHB 分解

学历		效应	教育婚姻匹配	收入婚姻匹配	职业婚姻匹配	全模型
初中	2 孩 /0~1 孩	总效应	0.23***	0.22***	0.22***	0.22***
		直接效应	0.08	0.22***	0.22***	0.08
		间接效应	0.15**	−0.00	0.00	0.14**
	3 孩及以上 /0~1 孩	总效应	0.07	0.04	0.05	0.05
		直接效应	−0.13	0.05	0.05	−0.12
		间接效应	0.20*	−0.01	0.00	0.17
高中	2 孩 /0~1 孩	总效应	0.25***	0.23***	0.23***	0.24***
		直接效应	0.19*	0.23***	0.23***	0.20**
		间接效应	0.06	−0.00	−0.00	0.04
	3 孩及以上 /0~1 孩	总效应	0.19	0.16	0.17	0.15
		直接效应	0.12	0.17	0.18	0.14
		间接效应	0.07	−0.01	−0.01	0.01
大学专科	2 孩 /0~1 孩	总效应	0.42***	0.41***	0.41***	0.42***
		直接效应	0.33***	0.42***	0.42***	0.36***
		间接效应	0.09	−0.01	−0.00	0.06
	3 孩及以上 /0~1 孩	总效应	0.08	0.06	0.08	0.04
		直接效应	0.09	0.06	0.12	0.11
		间接效应	−0.01	0.00	−0.04**	−0.07
大学本科及以上	2 孩 /0~1 孩	总效应	0.55***	0.54***	0.54***	0.55***
		直接效应	0.44***	0.55***	0.55***	0.47***
		间接效应	0.11	−0.01	−0.01	0.08

续表

学历		效应	教育婚姻匹配	收入婚姻匹配	职业婚姻匹配	全模型
大学本科及以上	3 孩及以上 /0~1 孩	总效应	0.69***	0.66***	0.68***	0.64***
		直接效应	0.68**	0.61***	0.74***	0.67**
		间接效应	0.01	0.05***	−0.06***	−0.03

注：*** $p<0.01$，** $p<0.05$，* $p<0.1$。

三　基本完成生育期女性婚姻匹配与生育意愿的总体特征描述

在基本完成生育期女性的理想与打算生育意愿以及实际生育数的分布中，不同的社会人口特征之间存在较大差异性。表 3-17 针对教育婚姻匹配、收入婚姻匹配以及职业婚姻匹配等不同婚姻匹配特征，进行了理想、打算与实际生育数之间的比较，可以发现在 40~49 岁女性内部不同群体之间，生育意愿与实际生育数之间的差异和结构。具体分析如下。

（一）理想生育意愿往往高于打算生育意愿，同时与实际生育行为存在偏离

从不同婚姻匹配变量的数据结果来看，40~49 岁女性的理想、打算生育意愿与实际生育数之间的偏离较为普遍。总体来说，理想生育意愿普遍高于打算生育意愿，同时与实际生育数之间存在偏差。具体而言，在教育婚姻匹配之中，生育意愿与实际生育数随着受教育程度的提升不断降低，但变化的具体数值有所区别。其中，理想生育意愿的降低并不明显，从夫妻同为小学及以下的 2.20 个降低到大学本科及以上的 1.91 个，前后仅相差 0.29 个。与之相对应的打算生育意愿，夫妻同为小学及以下的与大学本科及以上的相差 1.02 个，差距较大，甚至高于生育旺盛期女性（0.77 个）。这说明对于受教育程度高的夫妻而言，基本完成生育期女性的理想生育意愿实现难度更大。

在夫高妻低以及夫低妻高教育婚姻匹配模式的对比中可以发现，无论理想、打算生育意愿还是实际生育数，前者均高于后者。具体来说，打算与实际生育数的差距明显更大，即在传统的教育匹配模式中，妻子的理想与实际生育数较高。在收入婚姻匹配之中，随着夫妻收入水平的提升，生

育意愿与实际生育数随之降低。夫妻同为低收入与夫妻同为高收入相比，理想生育意愿差距不大，无论收入水平如何，理想生育意愿均保持在 2.0 个左右；但打算与实际生育数相差较大，高收入与低收入之间相差 0.8 个左右。与受教育程度相似的是，收入越高的夫妻，实现理想生育意愿的可能性有所降低，这一点变化趋势和生育旺盛期女性相似。

通过对比夫高妻低和夫低妻高两种不同的收入婚姻匹配模式发现，二者理想生育意愿相同，均在 2.05 个，但打算生育意愿与实际生育数的差异较大，这说明在丈夫的收入较高的家庭中，女性实际生育数相应提高。在职业婚姻匹配中，夫妻同为高阶层女性的生育意愿与实际生育数均低于低阶层，理想、打算生育意愿与实际生育数分别相差 0.19 个、0.74 个和 0.79 个，夫高妻低的职业匹配模式均高于夫低妻高，呈现与教育和收入婚姻匹配相似的特征。

表 3-17   不同婚姻匹配下理想、打算与实际生育数的差异

单位：个

变量	理想	打算	实际
教育婚姻匹配			
夫妻同为小学及以下	2.20	2.16	2.15
夫妻同为初中	1.98	1.71	1.69
夫妻同为高中	1.86	1.29	1.25
夫妻同为大专	1.88	1.17	1.12
夫妻同为大学本科及以上	1.91	1.14	1.07
夫高妻低	2.07	1.81	1.79
夫低妻高	1.96	1.57	1.54
收入婚姻匹配			
夫妻同为低收入	2.17	2.14	2.12
夫妻同为中等收入	2.02	1.78	1.77
夫妻同为高收入	1.93	1.30	1.27
夫高妻低	2.05	1.78	1.76

续表

变量	理想	打算	实际
夫低妻高	2.05	1.69	1.66
职业婚姻匹配			
夫妻同为低阶层	2.11	1.99	1.98
夫妻同为中间阶层	1.97	1.58	1.56
夫妻同为高阶层	1.92	1.25	1.19
夫高妻低	2.03	1.71	1.69
夫低妻高	1.98	1.53	1.51
总体	2.05	1.78	1.76

（二）理想生育二孩的占比最高，但实现程度不高

综合不同的婚姻匹配模式，理想、打算生育意愿与实际生育数之间差异明显。在教育婚姻匹配中，理想生育 2 孩的占比最高，但不同教育匹配类型的差异并不大，大都在 80% 上下。与此同时，打算与实际生育 2 孩的比例下降明显。夫妻同为小学及以下，女性实际生育 2 孩的比例为 56.04%，而夫妻同为大学本科及以上，比例为 9.11%，两者相差 46.93 个百分点。随着夫妻受教育程度的提升，其生育理想与实际生育行为之间发生偏离的可能性加大，这与当时特殊的生育政策相关。

对于 40~49 岁的夫妻而言，高学历夫妻多于城市地区就业，受到当时严格生育政策的限制，大多不敢生育 2 孩。而在"全面放开二孩"政策之后，这群人又错过了最佳生育期，这就导致生育 2 孩的理想很难落实。与生育旺盛期女性相比，其生育理想实现的难度有所加大。在夫高妻低和夫低妻高的教育婚姻匹配模式的对比中，理想生育意愿占比的差异性不大，均在 80% 左右，但是打算生育意愿与实际生育数存在不小的差异，夫高妻低条件下实际生育 2 孩的比例为 47.09%，明显高于夫低妻高（36.96%），即在传统的教育婚姻匹配模式中，女性实际生育 2 孩的可能性有所增加。

在收入婚姻匹配中，理想生育 2 孩的占比依旧为最高，这在各种不同的收入匹配模式中均有体现。具体来看，随着夫妻收入水平的提升，以 2

孩作为生育理想的占比也随之升高。夫妻同为低收入，女性理想生育2孩的占比为73.43%，而夫妻同为高收入，占比为82.42%。但实际生育数却与之相反，夫妻同为低收入的女性实际生育2孩的比例为55.33%，而夫妻同为高收入的女性实际生育2孩的比例仅为20.61%。理想生育2孩比例最高的人群，却恰恰是实际生育2孩最低的人群，这说明收入越高的夫妻，女性实现理想生育意愿的难度越大，理想生育意愿与实际生育行为之间更可能发生偏离。

通过对比夫高妻低和夫低妻高的收入匹配模式可以发现，两者理想生育2孩的占比较一致，但是夫高妻低条件下的女性实际生育2孩占比明显更高。对比0~1孩理想、打算生育意愿与实际生育数会发现，随着夫妻收入水平的提升，女性理想与打算生育0~1孩的可能性随之增加，但是生育意愿与实际之间存在很大失调。夫妻同为高收入，理想生育0~1孩的比例仅为12.75%，但实际生育0~1孩的却达到75.84%，生育意愿与实际生育行为之间出现很大脱节。

在职业婚姻匹配中，不同职业匹配类型理想生育2孩的差异并不大，都在80%上下徘徊，但打算与实际生育2孩的比例下降十分明显。夫妻同为低阶层理想生育二孩和实际生育2孩的比例分别为77.72%和54.72%，二者相差23个百分点。与此同时，夫妻同为高阶层的理想生育2孩和实际生育2孩比例分别为82.37%和16.36%，相差已经达到了66.01个百分点。这说明随着职业婚姻匹配阶层的升高，女性生育意愿与实际生育行为之间的差距逐渐拉大，尤其是2孩生育意愿的实现难度有所加大。在夫高妻低和夫低妻高职业匹配模式的对比中，理想生育意愿之间的差异性不大，均在80%以上。但在实际生育2孩的比例中，夫高妻低比夫低妻高生育2孩的比例高了5.88个百分点。在0~1孩的理想生育意愿对比中可以发现，随着职业婚姻匹配中阶层的提升，女性以0~1孩为生育理想的可能性随之增加。夫妻同为高阶层，理想生育0~1孩的比例仅为12.86%，但有81.62%的女性实际生育了0~1孩。鉴于该样本考察的是基本完成生育期女性的生育意愿与行为，后续再次生育的可能性很低。与生育旺盛期女性相比，结果较为稳定（见表3-18）。

表 3-18　不同婚姻匹配下理想、打算生育意愿与实际生育数的特征与差异

单位：%

变量	理想生育意愿			打算生育意愿			实际生育数		
	0~1 孩	2 孩	3 孩及以上	0~1 孩	2 孩	3 孩及以上	0~1 孩	2 孩	3 孩及以上
教育婚姻匹配									
夫妻同为小学及以下	6.08	74.48	19.45	18.89	56.33	24.78	19.31	56.04	24.64
夫妻同为初中	10.64	82.13	7.24	40.20	50.25	9.55	41.43	49.16	9.41
夫妻同为高中	17.61	79.40	2.98	73.52	23.49	2.98	76.51	20.94	2.55
夫妻同为大专	15.43	81.15	3.42	82.82	15.94	1.24	87.19	12.01	0.80
夫妻同为大学本科及以上	13.73	80.96	5.31	84.96	14.18	0.86	90.72	9.11	0.17
夫高妻低	8.86	78.77	12.38	37.27	48.36	14.37	38.61	47.09	14.30
夫低妻高	12.40	80.71	6.89	53.06	38.43	8.51	54.86	36.96	8.18
总体	9.79	79.02	11.19	39.65	46.72	13.63	41.07	45.47	13.46
收入婚姻匹配									
夫妻同为低收入	8.17	73.43	18.40	20.57	55.69	23.74	21.36	55.33	23.31
夫妻同为中等收入	10.41	79.80	9.79	38.03	49.45	12.52	38.97	48.74	12.29
夫妻同为高收入	12.75	82.42	4.83	72.81	23.58	3.61	75.84	20.61	3.56
夫高妻低	9.50	79.50	11.00	39.43	46.93	13.64	40.87	45.57	13.56
夫低妻高	9.79	79.09	11.12	47.42	40.35	12.23	49.36	38.87	11.77
总体	9.73	79.39	10.88	40.93	45.79	13.28	42.41	44.47	13.12
职业婚姻匹配									
夫妻同为低阶层	7.83	77.72	14.45	26.14	55.31	18.56	26.94	54.72	18.33
夫妻同为中间阶层	12.59	79.47	7.94	52.16	39.08	8.77	53.94	37.41	8.65
夫妻同为高阶层	12.86	82.37	4.77	76.97	20.59	2.44	81.62	16.36	2.02
夫高妻低	9.62	80.25	10.13	44.20	43.36	12.44	45.92	41.77	12.31
夫低妻高	10.48	82.48	7.04	54.72	38.04	7.24	56.81	35.89	7.30
总体	9.64	79.23	11.14	40.06	46.40	13.54	41.56	45.07	13.37

四　婚姻匹配对基本完成生育期女性生育意愿的中介作用

（一）理想生育意愿

在前文对基本完成生育期女性生育意愿影响的实证分析基础之上，本部分进一步将教育、收入、职业三组婚姻匹配模式纳入，探索在不同婚姻匹配模式下基本完成生育期女性理想生育意愿的差异。在此基础上，对核心自变量女性受教育程度对于因变量的影响进行 KHB 分解，进一步探讨婚姻匹配的中介效应。具体操作过程中，在控制了年龄队列、户口等变量之后，分别纳入了教育婚姻匹配、收入婚姻匹配和职业婚姻匹配三组变量，共同构建基本完成生育期女性理想生育意愿的 Multinomial Logistic 模型。回归结果如表 3-19 所示。

表 3-19　婚姻匹配对基本完成生育期女性理想生育意愿的影响

变量	模型 1	模型 2	模型 3	模型 4
理想生育 2 孩 / 理想生育 0~1 孩				
教育婚姻匹配（夫妻同为小学及以下）				
夫妻同为初中	0.06			0.06
夫妻同为高中	0.09			0.08
夫妻同为大专	0.31***			0.27**
夫妻同为大学本科及以上	0.51***			0.39***
夫高妻低	0.10*			0.09
夫低妻高	0.12*			0.08
收入婚姻匹配（夫妻同为低收入）				
夫妻同为中等收入		0.17		0.19*
夫妻同为高收入		0.47***		0.35***
夫高妻低		0.25**		0.24**
夫低妻高		0.35***		0.32***
职业婚姻匹配（夫妻同为低阶层）				
夫妻同为中间阶层			−0.07	−0.10*

续表

变量	模型 1	模型 2	模型 3	模型 4
夫妻同为高阶层			0.32***	0.17**
夫高妻低			0.06	0.03
夫低妻高			0.18***	0.14**
控制变量	控制	控制	控制	控制
常数项	0.67***	0.53***	0.78***	0.45***
LR chi^2（40）	11853.94	11692.84	11710.93	11907.62
Pseudo R^2	0.2058	0.2030	0.2033	0.2067
样本数	44169	44169	44169	44169

理想生育 3 孩及以上 / 理想生育 0~1 孩

变量	模型 1	模型 2	模型 3	模型 4
教育婚姻匹配（夫妻同为小学及以下）				
夫妻同为初中	−0.40***			−0.39***
夫妻同为高中	−0.62***			−0.59***
夫妻同为大专	0.07			0.05
夫妻同为大学本科及以上	1.12***			1.02***
夫高妻低	0.00			0.01
夫低妻高	−0.29***			−0.32***
收入婚姻匹配（夫妻同为低收入）				
夫妻同为中等收入		−0.14		−0.03
夫妻同为高收入		0.25		0.10
夫高妻低		0.04		0.09
夫低妻高		0.27*		0.32**
职业婚姻匹配（夫妻同为低阶层）				
夫妻同为中间阶层			−0.21***	−0.16**
夫妻同为高阶层			0.48***	0.16
夫高妻低			−0.04	−0.05
夫低妻高			0.01	0.04

续表

变量	模型 1	模型 2	模型 3	模型 4
控制变量	控制	控制	控制	控制
常数项	-3.13***	-3.20***	-3.10***	-3.17***
LR chi^2（40）	11853.94	11692.84	11710.93	11907.62
Pseudo R^2	0.2058	0.2030	0.2033	0.2067
样本数	44169	44169	44169	44169

注：① 因变量以"理想生育 0~1 孩"为参照组；② 为了展示模型结果的影响方向，表中呈现的是标准化回归系数；③ *** $p<0.01$，** $p<0.05$，* $p<0.1$。

1. 不同婚姻匹配模式对女性理想生育意愿的影响

在纳入三组婚姻匹配模式变量的模型之中，以"理想生育 0~1 孩"为参照组，在控制了其他变量之后，婚姻匹配在基本完成生育期女性"理想生育 2 孩"以及"理想生育 3 孩及以上"两组样本中均有显著影响。具体而言，在教育婚姻匹配的模型中，夫妻受教育程度与理想生育意愿之间呈现正相关关系，即高学历的夫妻理想生育意愿更高。反观受教育程度有差异的夫妻，无论夫高妻低还是夫低妻高的教育婚姻匹配模式，女性理想生育 2 孩的可能性均高于夫妻同为小学及以下的女性。

对于不同收入婚姻匹配模式而言，夫妻同为高收入，女性理想生育 2 孩的可能性最高。与此同时，无论夫高妻低还是夫低妻高的收入婚姻匹配模式，女性理想生育 2 孩的可能性均高于低收入夫妻匹配模式。在职业婚姻匹配模型中，与夫妻同为低阶层相比，夫妻同为高阶层的女性理想生育 2 孩与 3 孩及以上的可能性更高。在纳入全部变量的模型 4 中，大多数婚姻匹配变量的方向和系数较为稳定。

2. 婚姻匹配的中介效应

通过 KHB 分解法，可以看到女性受教育程度在教育、收入和职业婚姻匹配以及全模型中各个维度的净效应。我们通过不同嵌套模型之间的对比，将女性受教育程度对理想生育意愿影响的效应进行分解和检验，分析基本完成生育期女性不同于基础模型的部分特征。

从总体上看，与其他几组嵌套模型结果相比，在教育婚姻匹配的嵌套模型中，受教育程度变量导致的变化最大。以大学专科和大学本科及以上学历的女性为例，由表 3-20 可知，在 3 孩及以上 /0~1 孩样本中，大学专科学历影响基本完成生育期女性理想生育意愿的总效应为 0.28，直接效应为 0.58，间接效应为 -0.30。与此同时，大学本科及以上学历影响理想生育意愿的总效应为 0.81，直接效应为 0.55，间接效应为 0.26。这意味着，与间接效应相比，受教育程度对基本完成生育期女性理想生育意愿的直接效应更明显。综合全部模型，结果与上述研究结论基本一致（见表 3-20）。

表 3-20　基本完成生育期女性理想生育意愿核心自变量的 KHB 分解

学历		效应	教育婚姻匹配	收入婚姻匹配	职业婚姻匹配	全模型
初中	2 孩 /0~1 孩	总效应	0.01	0.00	0.00	0.00
		直接效应	0.03	0.00	−0.00	0.03
		间接效应	−0.02	−0.00	0.00	−0.03
	3 孩及以上 /0~1 孩	总效应	−0.40***	−0.40***	−0.40***	−0.40***
		直接效应	−0.25**	−0.40***	−0.40***	−0.24**
		间接效应	−0.15	−0.00	0.00	−0.16
高中	2 孩 /0~1 孩	总效应	−0.01	−0.01	−0.00	−0.01
		直接效应	−0.01	−0.01	−0.01	−0.01
		间接效应	−0.00	0.00	0.01	0.00
	3 孩及以上 /0~1 孩	总效应	−0.50***	−0.48***	−0.49***	−0.50***
		直接效应	−0.24	−0.48***	−0.49***	−0.23
		间接效应	−0.26**	−0.00	0.00	−0.27**
大学专科	2 孩 /0~1 孩	总效应	0.15*	0.15*	0.15*	0.15*
		直接效应	0.17	0.14	0.14	0.17
		间接效应	−0.02	0.01	0.01	−0.01
	3 孩及以上 /0~1 孩	总效应	0.28*	0.29*	0.30*	0.28*
		直接效应	0.58***	0.28*	0.29*	0.58***
		间接效应	−0.30**	0.01	0.01	−0.30**

续表

学历		效应	教育婚姻匹配	收入婚姻匹配	职业婚姻匹配	全模型
大学本科及以上	2 孩 /0~1 孩	总效应	0.20**	0.20**	0.20**	0.21**
		直接效应	0.14	0.19*	0.20**	0.12
		间接效应	0.06	0.01	−0.00	0.09
	3 孩及以上 /0~1 孩	总效应	0.81***	0.84***	0.83***	0.80***
		直接效应	0.55*	0.81***	0.82***	0.51
		间接效应	0.26	0.03	0.01	0.29

注：*** $p<0.01$，** $p<0.05$，* $p<0.1$。

（二）打算生育意愿

在前文对基本完成生育期女性生育意愿影响的实证分析基础之上，本部分进一步将教育、收入、职业三组婚姻匹配模式纳入，探索在不同婚姻匹配模式下基本完成生育期女性打算生育意愿的差异。在此基础上，对核心自变量女性受教育程度对于因变量的影响进行 KHB 分解，进一步探讨婚姻匹配的中介效应。具体操作过程中，在控制了年龄队列、户口等变量之后，分别纳入了教育婚姻匹配、收入婚姻匹配和职业婚姻匹配三组变量，共同构建基本完成生育期女性打算生育意愿的 Multinomial Logistic 模型。回归结果如表 3-21 所示。

表 3-21　婚姻匹配对基本完成生育期女性打算生育意愿的影响

变量	模型 1	模型 2	模型 3	模型 4
打算生育 2 孩 / 打算生育 0~1 孩				
教育婚姻匹配（夫妻同为小学及以下）				
夫妻同为初中	−0.16			−0.13
夫妻同为高中	−0.07			−0.03
夫妻同为大专	0.14			0.14
夫妻同为大学本科及以上	0.32*			0.29
夫高妻低	−0.01			0.00

续表

变量	模型 1	模型 2	模型 3	模型 4
夫低妻高	−0.20			−0.19
收入婚姻匹配（夫妻同为低收入）				
夫妻同为中等收入		−0.48**		−0.41*
夫妻同为高收入		−0.34		−0.42
夫高妻低		−0.28		−0.25
夫低妻高		−0.25		−0.20
职业婚姻匹配（夫妻同为低阶层）				
夫妻同为中间阶层			−0.15	−0.12
夫妻同为高阶层			0.21	0.13
夫高妻低			−0.02	−0.03
夫低妻高			−0.08	−0.06
控制变量	控制	控制	控制	控制
常数项	−2.79***	−2.52***	−2.77***	−2.49***
LR chi^2（40）	75138.79	75115.29	75123.26	75169.99
Pseudo R^2	0.8545	0.8542	0.8543	0.8549
样本数	44192	44192	44192	44192
打算生育 3 孩及以上 / 打算生育 0~1 孩				
教育婚姻匹配（夫妻同为小学及以下）				
夫妻同为初中	−0.51***			−0.42**
夫妻同为高中	0.24			0.39
夫妻同为大专	0.01			0.18
夫妻同为大学本科及以上	1.19***			1.40***
夫高妻低	−0.25			−0.20
夫低妻高	−0.28			−0.18
收入婚姻匹配（夫妻同为低收入）				
夫妻同为中等收入		−0.79**		−0.61*

变量	模型 1	模型 2	模型 3	模型 4
夫妻同为高收入		−1.11**		−1.20**
夫高妻低		−0.63**		−0.53*
夫低妻高		−0.33		−0.16
职业婚姻匹配（夫妻同为低阶层）				
夫妻同为中间阶层			−0.40**	−0.34**
夫妻同为高阶层			0.15	−0.25
夫高妻低			−0.14	−0.12
夫低妻高			−0.68***	−0.68***
控制变量	控制	控制	控制	控制
常数项	−5.54***	−4.87***	−5.34***	−4.92***
LR chi^2（40）	75138.79	75115.29	75123.26	75169.99
Pseudo R^2	0.8545	0.8542	0.8543	0.8549
样本数	44192	44192	44192	44192

注：① 因变量以"打算生育 0~1 孩"为参照组；② 为了展示模型结果的影响方向，表中呈现的是标准化回归系数；③ *** $p<0.01$，** $p<0.05$，* $p<0.1$。

1. 不同婚姻匹配模式对女性打算生育意愿的影响

在纳入三组婚姻匹配模式变量的模型之中，以"打算生育 0~1 孩"为参照组，在控制了其他变量之后，婚姻匹配在基本完成生育期女性"打算生育 2 孩"以及"打算生育 3 孩及以上"两组模型中均有显著影响。具体而言，在教育婚姻匹配的模型中，夫妻受教育程度与打算生育意愿之间呈现正相关关系，即高学历的夫妻打算生育意愿更高。反观受教育程度有差异的夫妻，无论夫高妻低还是夫低妻高的教育婚姻匹配模式，结果均无显著影响。

对于不同收入婚姻匹配模式而言，与低收入夫妻相比，夫妻同为中等收入、高收入以及夫高妻低的婚姻匹配模式下，其打算生育 0~1 孩的可能性更高。在职业婚姻匹配模型中，夫妻同为中间阶层及夫低妻高婚姻匹配模式，比夫妻同为低阶层打算生育 0~1 孩的可能性更高，其他结果则并不显著。在纳入全部变量的模型 4 中，大多数婚姻匹配变量的方向和系数较为稳定。

2. 婚姻匹配的中介效应

通过 KHB 分解法，可以检验女性受教育程度在教育、收入和职业婚姻匹配以及全模型中各个维度的净效应。通过不同嵌套模型之间的对比，将女性受教育程度对打算生育意愿影响的效应进行分解和检验，可以分析基本完成生育期女性不同于基础模型的部分特征。总体而言，教育婚姻匹配相比职业和收入婚姻匹配变量，对模型的研究结果影响更大。以大学专科和大学本科及以上学历的女性为例，由表 3-22 可知，在 2 孩 /0~1 孩样本中，大学专科学历影响基本完成生育期女性打算生育意愿的总效应为 0.45，直接效应为 0.91，间接效应为 -0.46。同时，大学本科及以上学历影响基本完成生育期女性打算生育意愿的总效应为 0.56，直接效应为 1.03，间接效应为 -0.47。这意味着，与间接效应相比，受教育程度对基本完成生育期女性打算生育意愿的直接效应更明显。综合以下模型结果，嵌套模型整体比较稳健，且与上述研究结论基本保持一致。

表 3-22　基本完成生育期女性打算生育意愿核心自变量的 KHB 分解

学历		效应	教育婚姻匹配	收入婚姻匹配	职业婚姻匹配	全模型
初中	2 孩 /0~1 孩	总效应	−0.03	−0.02	−0.02	−0.03
		直接效应	0.28*	−0.02	−0.02	0.27*
		间接效应	−0.31**	−0.00	0.00	−0.30**
	3 孩及以上 /0~1 孩	总效应	−0.24*	−0.23	−0.22	−0.23*
		直接效应	−0.01	−0.22	−0.22	−0.02
		间接效应	−0.23	−0.01	−0.00	−0.21
高中	2 孩 /0~1 孩	总效应	−0.04	−0.00	−0.00	−0.03
		直接效应	0.18	−0.01	−0.01	0.16
		间接效应	−0.22*	0.01	0.01	−0.19

续表

学历		效应	教育婚姻匹配	收入婚姻匹配	职业婚姻匹配	全模型
高中	3孩及以上/0~1孩	总效应	0.14	0.19	0.20	0.15
		直接效应	−0.15	0.20	0.19	−0.17
		间接效应	0.29	−0.01	0.01	0.32
大学专科	2孩/0~1孩	总效应	0.45***	0.46***	0.45***	0.45***
		直接效应	0.91***	0.45***	0.44***	0.88***
		间接效应	−0.46***	0.01	0.01	−0.43***
	3孩及以上/0~1孩	总效应	0.28	0.27	0.30	0.30
		直接效应	0.28	0.28	0.24	0.26
		间接效应	−0.00	−0.01	0.06	0.04
大学本科及以上	2孩/0~1孩	总效应	0.56***	0.55***	0.55***	0.56***
		直接效应	1.03***	0.54***	0.53***	0.99***
		间接效应	−0.47**	0.01	0.02	−0.43*
	3孩及以上/0~1孩	总效应	1.49***	1.51***	1.53***	1.45***
		直接效应	0.83	1.56***	1.42***	0.74
		间接效应	0.66	−0.05	0.11**	0.71

注：*** $p<0.01$，** $p<0.05$，* $p<0.1$。

（三）实际生育行为

在前文对基本完成生育期女性实际生育行为影响的实证分析基础之上，本部分进一步将教育、收入、职业三组婚姻匹配模式纳入，探索在不同婚姻匹配模式下基本完成生育期女性实际生育行为的差异。在此基础上，对核心自变量女性受教育程度对因变量的影响进行 KHB 分解，进一步探讨婚姻匹配的中介效应。具体操作过程中，在控制了年龄队列、户口等变量之后，分别纳入了教育婚姻匹配、收入婚姻匹配和职业婚姻匹配三组变量，共同构建基本完成生育期女性实际生育行为的 Multinomial Logistic 模型。回归结果如表 3-23 所示。

表 3-23 婚姻匹配对基本完成生育期女性实际生育行为的影响

变量	模型 1	模型 2	模型 3	模型 4
实际生育 2 孩 / 实际生育 0~1 孩				
教育婚姻匹配（夫妻同为小学及以下）				
夫妻同为初中	−0.52***			−0.46***
夫妻同为高中	−1.07***			−0.94***
夫妻同为大专	−1.52***			−1.29***
夫妻同为大学本科及以上	−1.47***			−1.12***
夫高妻低	−0.46***			−0.39***
夫低妻高	−0.84***			−0.74***
收入婚姻匹配（夫妻同为低收入）				
夫妻同为中等收入		−0.38***		−0.20**
夫妻同为高收入		−1.03***		−0.58***
夫高妻低		−0.51***		−0.30***
夫低妻高		−0.67***		−0.41***
职业婚姻匹配（夫妻同为低阶层）				
夫妻同为中间阶层			−0.46***	−0.36***
夫妻同为高阶层			−1.01***	−0.70***
夫高妻低			−0.48***	−0.42***
夫低妻高			−0.59***	−0.44***
控制变量	控制	控制	控制	控制
常数项	0.09	0.02	−0.21*	0.58***
LR chi^2（40）	15415.70	14358.35	14834.12	15898.54
Pseudo R^2	0.1753	0.1633	0.1687	0.1808
样本数	44192	44192	44192	44192
实际生育 3 孩及以上 / 实际生育 0~1 孩				
教育婚姻匹配（夫妻同为小学及以下）				
夫妻同为初中	−1.20***			−1.11***

续表

变量	模型 1	模型 2	模型 3	模型 4
夫妻同为高中	-1.95***			-1.72***
夫妻同为大专	-3.18***			-2.80***
夫妻同为大学本科及以上	-4.17***			-3.64***
夫高妻低	-0.73***			-0.64***
夫低妻高	-1.43***			-1.28***
收入婚姻匹配（夫妻同为低收入）				
夫妻同为中等收入		-0.82***		-0.49***
夫妻同为高收入		-1.58***		-0.84***
夫高妻低		-0.78***		-0.46***
夫低妻高		-0.95***		-0.55***
职业婚姻匹配（夫妻同为低阶层）				
夫妻同为中间阶层			-0.73***	-0.53***
夫妻同为高阶层			-1.66***	-1.12***
夫高妻低			-0.57***	-0.48***
夫低妻高			-0.98***	-0.71***
控制变量	控制	控制	控制	控制
常数项	-1.68***	-1.97***	-2.35***	-0.96***
LR chi^2（40）	15415.70	14358.35	14834.12	15898.54
Pseudo R^2	0.1753	0.1633	0.1687	0.1808
样本数	44192	44192	44192	44192

注：① 因变量以"实际生育 0~1 孩"为参照组；② 为了展示模型结果的影响方向，表中呈现的是标准化回归系数；③ *** $p<0.01$，** $p<0.05$，* $p<0.1$。

1. 不同婚姻匹配模式对女性实际生育行为的影响

在纳入不同婚姻匹配变量的模型中，女性的实际生育行为之间差异较大。对比实际生育 0~1 孩和 2 孩以及实际生育 0~1 孩和 3 孩及以上的模型发现，后者系数的绝对值明显更大，即与实际生育 2 孩相比，各类影响因素对实际生育 3 孩及以上的作用更强，女性实际生育 3 孩及以上的可能性也更小。具体而言，在教育婚姻匹配的模型中，在控制了其他变量之后，夫妻受教育程度与实际生育行为之间呈现负相关关系，即随着夫妻受教育程度的提升，女性实际生育 2 孩的可能性更低。再看受教育程度有差异的夫妻，处于夫低妻高的教育婚姻匹配模式中的女性实际生育 2 孩的可能性低于夫高妻低的女性，但与夫妻受教育程度均较高，即同为大学本科及以上相比差距较大。

收入婚姻匹配与教育婚姻匹配结果相似，即收入越高的夫妻，实际生育 2 孩的可能性越低，处于夫低妻高收入婚姻匹配模式中的女性实际生育 2 孩的可能性低于夫高妻低的女性。同样地，在职业婚姻匹配模型中，实际生育 2 孩的可能性依旧随着职业阶层地位的提升而降低，处于夫低妻高职业婚姻匹配模式中的女性实际生育 2 孩的可能性低于夫高妻低的女性。总体来看，三组婚姻匹配模式的变化趋势基本相同。在纳入全部变量的模型 4 中，大多数婚姻匹配变量的方向和系数较为稳定。

2. 婚姻匹配的中介效应

为了进一步检验上述嵌套模型的研究结论，本部分用 KHB 分解法重新估计了教育婚姻匹配、收入婚姻匹配、职业婚姻匹配以及全模型中基本完成生育期女性受教育程度对实际生育行为的影响，重点比较了不同嵌套模型之中，女性受教育程度相对于基础模型的系数变化。与之前所做的 KHB 分解不同的是，有关实际生育行为的模型结果几乎全部显著，这也凸显出婚姻匹配对女性实际生育行为的影响更大，可以更好地验证 Multinomial Logistic 模型结果的稳健性。

从总体上看，与其他几组嵌套模型结果相比，在教育婚姻匹配的嵌套模型中，受教育程度变量导致的变化最大。以大学专科和大学本科及以上学历的女性为例，由表 3-24 可知，在 2 孩 /0~1 孩样本中，大学专科学历影响基本完成生育期女性实际生育行为的总效应为 –1.26，直接效应为 –1.49，间接效应为 0.23。与此同时，大学本科及以上学历影响基本完成生育期女性实际生育行为的总效应为 –1.27，直接效应为 –1.79，间接效应为 0.52。这意味着，与间接效应相比，受教育程度对基本完成生育期女性实际生育数的直接效应更明显。综合全部模型，结果与上述研究结论基本一致。

表 3-24　基本完成生育期女性实际生育行为的核心自变量 KHB 分解

学历		效应	教育婚姻匹配	收入婚姻匹配	职业婚姻匹配	全模型
初中	2 孩 /0~1 孩	总效应	-0.44***	-0.44***	-0.44***	-0.44***
		直接效应	-0.76***	-0.44***	-0.44***	-0.71***
		间接效应	0.32***	-0.00	-0.00	0.27***
	3 孩及以上 /0~1 孩	总效应	-0.94***	-0.95***	-0.95***	-0.94***
		直接效应	-1.33***	-0.94***	-0.94***	-1.28***
		间接效应	0.39***	-0.01	-0.01	0.34***
高中	2 孩 /0~1 孩	总效应	-0.94***	-0.94***	-0.94***	-0.94***
		直接效应	-1.19***	-0.92***	-0.91***	-1.10***
		间接效应	0.25***	-0.02***	-0.03***	0.16***
	3 孩及以上 /0~1 孩	总效应	-1.69***	-1.70***	-1.70***	-1.70***
		直接效应	-2.18***	-1.68***	-1.66***	-2.08***
		间接效应	0.49***	-0.02***	-0.04***	0.38***
大学专科	2 孩 /0~1 孩	总效应	-1.26***	-1.25***	-1.26***	-1.27***
		直接效应	-1.49***	-1.23***	-1.21***	-1.40***
		间接效应	0.23***	-0.02***	-0.05***	0.13*
	3 孩及以上 /0~1 孩	总效应	-2.32***	-2.28***	-2.29***	-2.35***
		直接效应	-2.56***	-2.27***	-2.22***	-2.47***
		间接效应	0.24	-0.01	-0.07***	0.12
大学本科及以上	2 孩 /0~1 孩	总效应	-1.27***	-1.29***	-1.29***	-1.28***
		直接效应	-1.79***	-1.28***	-1.24***	-1.70***
		间接效应	0.52***	-0.01	-0.05***	0.42***
	3 孩及以上 /0~1 孩	总效应	-3.21***	-3.07***	-3.07***	-3.26***
		直接效应	-3.24***	-3.12***	-3.01***	-3.20***
		间接效应	0.03	0.05*	-0.06***	-0.06

注：*** $p<0.01$，** $p<0.05$，* $p<0.1$。

第四节 本章小结

总结以上模型结果可知，受教育程度对于生育旺盛期和基本完成生育期女性的理想生育意愿、打算生育意愿和实际生育数的影响并不相同，下面分别对其进行归纳。

一 生育旺盛期女性

1. 高学历女性生育意愿的变化情况

在生育旺盛期女性的总体模型之中（不区分生育状况），理想生育意愿和打算生育意愿都随着受教育程度的提高而升高，即受教育程度越高，女性的理想和打算生育意愿越高。但在细分不同的生育状况之后，情况发生明显改变。首先，对于理想生育意愿而言，已生育 0~1 孩和 2 孩的女性群体，其受教育程度与理想生育意愿之间依旧呈现正相关的关系；但在已生育 3 孩及以上的群体之中，理想生育意愿随着受教育程度的提高而降低，呈现明显的负相关关系。

在打算生育意愿模型中，这种反向变化更为明显。已生育 0~1 孩的群体和总体样本趋势相同，即打算生育意愿随着受教育程度的提高而升高；已生育 2 孩的群体，打算生育意愿已经发生逆转，即打算生育意愿随受教育程度的提高而降低，受教育程度和打算生育意愿之间开始呈负相关趋势。

结合前文的数据描述发现，在实际生育 3 孩及以上的女性之中，有 51.88% 的人的理想子女数为 2 个，实际生育数高于理想生育意愿。换言之，已生育 3 孩及以上的女性，对生育更可能持有"后悔"或"不满意"态度。在把受教育程度纳入实证模型之后可知，高学历女性群体中该情绪更为突出。具体而言，在理想生育意愿之中，已生育 3 孩及以上的女性群体开始出现"后悔"或"不满意"态度，对比更接近实际生育水平的打算生育意愿，甚至在已生育 2 孩的群体中表现得已经十分明显。

综合以上研究结果可知，对于生育旺盛期女性，总体与分样本模型结果显著不同。学历与生育意愿之间并非单向的关系，在已生育多孩的群体之中，高学历女性更可能存在"后悔"或"不满意"的生育情绪。

2. 婚姻匹配对生育意愿的影响

在纳入三组婚姻匹配变量的模型之中，教育婚姻匹配与职业婚姻匹配影响最为显著，而收入婚姻匹配对生育意愿并无显著影响。对于生育旺盛期女性而言，无论理想还是打算生育意愿模型，婚姻匹配对生育意愿的影响几乎呈现相同的特质。从教育婚姻匹配来看，夫妻受教育程度与理想和打算生育意愿之间呈现正 U 型关系，即夫妻同为初中和大学本科及以上学历的女性生育意愿更高，而高中和大专学历次之。夫高妻低和夫低妻高教育婚姻匹配模式下的女性，理想生育意愿同样高于夫妻同为小学及以下的女性，但与夫妻受教育程度均较高，即同为大学本科及以上的女性相比仍有差距。收入婚姻匹配对生育意愿的影响并不显著。职业婚姻匹配与理想生育意愿之间呈现正相关，与夫高妻低及夫低妻高的职业婚姻匹配模型相比，夫妻同为高阶层女性的理想生育意愿明显更高，但对 3 孩及以上生育并不热衷。

婚姻匹配的中介效应显示，女性受教育程度可以通过直接和间接两种途径作用于因变量，同时直接效应大于间接效应。

3. 打算生育意愿的回归系数往往大于理想生育意愿的回归系数

从回归系数比较而言，综合生育旺盛期女性的全部模型，无论是总体模型还是分生育状况的模型，打算生育意愿的回归系数往往大于理想生育意愿的回归系数。究其原因，可能与两者所代表的实际含义不同有关。在前文的文献综述中，已经系统地比较过理想与打算生育意愿之间的差别。具体而言，无论是在特点—意愿—计划—行为序列模型，还是郑真真和杨菊华的生育意愿与行为的本土化模型之中，与理想生育意愿相比，打算生育意愿都更加接近真实的生育行为。正如前文所言，女性的理想子女数、打算生育意愿、生育计划与实际生育行为之间并非并列关系，而是逐层递减。与更为抽象意义上的理想生育意愿相比，打算生育意愿转化为实际生育行为的可能性更大。因此，各种现实性因素对其作用明显。换言之，无论是受教育程度还是各类控制变量，对于更可能落地的打算生育意愿的影响程度也更深，这就导致打算生育意愿模型的回归系数相比理想生育意愿的回归系数更大。

二　基本完成生育期女性

1.高学历女性生育意愿的变化情况

与生育旺盛期女性不同的是，基本完成生育期女性有更接近终身生育水平的生育数据，即实际生育数。因此，除两者共同拥有的理想与打算生育意愿模型之外，40~49 岁女性还有实际生育模型可以参与衡量与比较。综合理想和打算生育意愿的总体模型（不区分生育状况）可知，受教育程度与生育意愿之间呈现正 U 型关系，即受教育程度最低和最高的女性，其理想和打算生育意愿更高，核心自变量与因变量之间的关系从负向转为正向。而实际生育数与受教育程度之间的关系却并非如此，学历与实际生育数之间的关系呈明显的负相关，即受教育程度越高的女性，其实际生育数更少。

对比总体模型和区分生育状况的模型可知，在不同的生育状态之下，受教育程度与生育意愿之间呈现更为复杂的关系。具体而言，对于实际生育数偏少的女性，即已生育 0~1 孩的女性来说，打算生育意愿随着受教育程度的提高而升高。反观实际生育数较多的女性，打算生育意愿则呈相反态势。

换言之，实际生育数较少的高学历女性更渴望多生，而实际生育数较多的高学历女性反而渴望少生，呈现一种"双向"偏离趋势，与总体模型显著不同。深挖其原因，可能与我国计划生育政策的实施有关。与生育旺盛期女性相比，基本完成生育期女性受计划生育政策影响明显更深。在她们年轻的时候，大量女性无法按照原定生育计划生育，生育意愿遭到明显抑制。而在生育政策相对放宽之后，该群体又错过了最佳生育期，原有的生育计划无法转变为生育实际，这就导致了生育意愿与行为之间的偏离，也从侧面导致受教育程度与打算生育意愿的"双向"偏离现象。

2.婚姻匹配的中介效应

在纳入婚姻匹配变量之后，基本完成生育期女性的理想、打算生育意愿与实际生育行为呈现不同的特征。首先，对于理想生育意愿，三组婚姻匹配呈现一致的特征：夫妻同为大学本科及以上、同为高收入和同为高阶层的女性，理想生育意愿更高。换言之，夫妻处于更高阶层，女性理想生育子女数更多。其次，对于打算生育意愿来说，教育婚姻匹配变量影响显著，即夫妻同为大学本科及以上的女性打算生育意愿更高。收入与职业婚姻匹配并无明显规律性。最后，实际生育行为与生育意愿之间呈现相反的特征，夫妻同为大学本科及以上、同为高收入和同为高阶层的女性实际生育子女数反而更低。三组婚姻匹配模型的变化趋势从侧面证实了生育意愿与实际偏离研究的重要性。

与生育旺盛期女性相似的是，女性受教育程度可以通过直接和间接两种途径作用于因变量，相比间接效应，直接效应更加明显。

3. 处于高年龄队列的女性，生育意愿与行为偏离的可能性更大

对于处于生育末期——基本完成生育期的女性而言，实际生育子女数和打算生育数之间往往高度重合。通过观察分生育状况的打算生育意愿模型可以发现，45~49 岁女性的打算生育意愿低于 40~44 岁女性，这与总体模型中的打算生育意愿相同，并与理想生育意愿方向相反。或者说，对于年龄更大的女性而言，这并不意味着其理想生育意愿的降低，但年龄的增长却从客观上抑制了女性继续生育的可能。这种现象说明，越是接近生育年龄末端的女性，其实际生育行为与理想生育意愿偏离的趋势越明显，也在很大程度上反映了理想和打算生育意愿之间的不同。打算生育意愿与实际生育行为更接近，这进一步体现了基本完成生育期女性生育意愿与实际生育行为之间的偏离。通过对比发现，对于更为年长的女性而言，两者的偏离趋势愈加明显。

第四章　高学历女性理想与打算
生育意愿的偏离

本章主要聚焦高学历女性生育意愿的实现困境中，理想与打算生育意愿的偏离情况，从实证研究的角度，将其操作为"理想生育意愿"与"打算生育意愿"之差。本章主要以女性的理想与打算生育意愿为重点考察对象。首先，运用 2017 年全国生育状况抽样调查数据，以生育旺盛期女性为样本，阐明高学历女性理想与打算生育意愿的分布特征与差异；其次，针对理想与打算生育意愿之差进行建模，同时细分生育状况，探究高学历女性理想与打算生育意愿之差的变化；最后，纳入婚姻匹配变量，考察高学历女性群体理想与打算生育意愿的偏离状况。

第一节　理想与打算生育意愿偏离的总体特征

在生育旺盛期女性理想与打算生育意愿的分布中，呈现以下四个方面的特征。

一　打算生育意愿普遍低于理想生育意愿

从关键变量的描述结果来看，打算生育意愿低于理想生育意愿是普遍现象。具体而言，女性理想生育子女数平均比打算生育子女数多 0.12 个。由于调查地点与年龄范围不同，不同研究之间可能存在一定差异。除了受教育程度为小学及以下与低收入人群之外，从年龄队列、户口、民族、职业类型等特征看，打算生育子女数几乎都少于理想生育子女数，呈现"一边倒"趋势。总体而言，受教育程度为大学本科及以上、非农业户口、个人高收入以及东北地区女性，理想与打算生育意愿之间的差异都在 0.3 个以上。总体来看，打算生育子女数一般在 1.5 个左右徘徊。简言之，这些女性群体的理想与打算生育意愿之间偏离的现象尤其明显（见表 4-1）。

表 4-1　生育旺盛期女性理想与打算生育意愿的分布及其差异

单位：个

变量	理想	打算	差异	实际	变量	理想	打算	差异	实际
受教育程度					高阶层	1.89	1.61	0.28	1.18
小学及以下	2.17	2.21	-0.04	2.05	个人收入				
初中	2.02	1.95	0.07	1.69	低收入	2.12	2.15	-0.03	1.91
高中	1.92	1.75	0.17	1.38	中等收入	1.96	1.81	0.15	1.50
大学专科	1.86	1.60	0.26	1.12	高收入	1.86	1.56	0.30	1.17
大学本科及以上	1.85	1.52	0.33	1.05	家庭收入				
年龄队列					低收入	2.10	2.10	0.00	1.84
20~24 岁	2.00	1.94	0.06	1.12	中等收入	1.97	1.85	0.12	1.54
25~29 岁	1.97	1.89	0.08	1.39	高收入	1.90	1.64	0.26	1.25
30~34 岁	1.98	1.87	0.11	1.61	夫妻独生属性				
35~39 岁	1.99	1.81	0.18	1.71	双独家庭	1.78	1.51	0.27	1.09
户口					单独家庭	1.92	1.75	0.17	1.39
农业	2.04	1.98	0.06	1.68	双非家庭	2.07	2.01	0.06	1.73
非农业	1.84	1.53	0.31	1.17	调查地区				
民族					东部地区	1.96	1.79	0.17	1.46
汉族	1.96	1.83	0.13	1.52	中部地区	2.01	1.95	0.06	1.64
少数民族	2.16	2.12	0.04	1.76	西部地区	2.09	2.03	0.06	1.70
职业类型					东北地区	1.69	1.39	0.30	1.15
低阶层	2.07	2.05	0.02	1.81	总体	1.98	1.86	0.12	1.54
中间阶层	1.91	1.69	0.22	1.36					

注：生育旺盛期女性理想、打算生育意愿与现有子女数已在第三章数据描述部分有所提及，但并未涉及差异与对比。为了方便体现理想与打算生育意愿偏离的具体情况，现将该部分结果再次呈现。

二　相比理想生育意愿，二孩生育打算降低十分明显

总体来说，生育旺盛期女性理想生育二孩占比最大，但是在打算生育意愿中，2孩生育意愿占比明显衰减。具体而言，原本理想生育2孩女性占80.75%，但打算生育2孩的女性却只占61.40%。这在不同受教育程度、年龄队列、户口、民族、职业类型等方面都有体现，只不过具体数值有所不同。这种现象说明，2孩生育意愿由"想生"到"不想生"变化的可能性明显大于由"不想生"变为"想生"（见表4-2）。

三　不同已生育状况女性的理想与打算生育意愿之间存在较大差异

从不同生育状况来看，对于未生育女性，其理想生育2孩的比例为76.91%，但是打算生育2孩的比例降为58.28%。还有4.70%的女性打算终身不育，这些人未来可能成为已婚不育的"丁克"家族中的一员。而现有1孩的女性中，理想与打算生育意愿发生偏离的可能性最大，其理想生育2孩占比为77.46%，但打算生育2孩的占比为34.39%，相差43.07个百分点，理想与打算生育意愿的差距甚至大于未生育女性。从这一点可以看出，现有1孩女性的打算生育意愿实现难度很大。而已生育2孩的女性对于自己的现有子女数最为满意，理想与打算生育意愿与实际相符的比例最高，她们是最有可能实现自身生育理想的人群。反观已经生育3个及以上孩子的女性，其中有51.88%的理想生育意愿为2孩，而理想生育3孩及以上的占比仅为46.69%，体现出明显的"后悔"或"不满意"心态（见表4-2）。

表4-2　不同已生育状况下女性理想与打算生育意愿之间的差异

单位：%

现有子女数	理想生育意愿				打算生育意愿			
	0孩	1孩	2孩	3孩及以上	0孩	1孩	2孩	3孩及以上
0个	1.10	19.19	76.91	2.80	4.70	35.35	58.28	1.67
1个	0.07	20.36	77.46	2.11	0.03	55.34	34.39	1.57
2个	0.09	1.80	90.27	7.84	0.01	0.56	92.48	6.95
3个及以上	0.18	1.25	51.88	46.69	0.00	0.33	4.03	95.64
总体	0.14	11.01	80.75	8.10	0.26	26.99	61.40	11.34

四　超过 70% 的女性打算实现其生育理想，但"未满足的生育"与"非意愿生育"状态长期并存

将理想生育数和打算生育数划分成"等于""大于""小于"三类之后发现，女性理想生育数与打算生育数相同的比例为 72.77%，理想生育数大于打算生育数的比例为 19.92%，而理想生育数小于打算生育数的比例为 7.32%。即超过 70% 的女性打算实现自己的生育理想，是理想与打算生育意愿较为一致的人群，20% 左右女性的理想生育意愿遭到现实抑制，只有不到一成的女性打算生育数高于理想生育数。其中，受教育程度为大学本科及以上、非农业户口、个人高收入以及东北地区的女性理想大于打算生育意愿的可能性更高，即理想生育意愿的实现更为困难。

在现有 2 孩的女性之中，首先有 90.10% 女性的理想生育数与打算生育数相等，是理想与打算生育意愿最吻合的人群。其次是没有生育的女性（见表 4-3）。在已生育 1 孩和已生育 3 孩及以上的女性中，理想与打算生育意愿差异最大，偏离情况明显，但方向有所不同。其中，已生育 1 孩女性的生育偏离表现为理想生育数大于打算生育数，而已生育 3 孩及以上的女性则正好相反。这也从侧面说明，我国存在大量的"未实现的 2 孩生育意愿"，以及一定程度的"非意愿生育"（即实际生育数高于生育意愿，人们生出了主观上"不想要"的孩子）。

表 4-3　不同现有子女数下理想与打算生育意愿的偏离情况

单位：%

现有子女数	理想等于打算	理想大于打算	理想小于打算
0 个	76.62	22.40	0.98
1 个	61.92	36.51	1.56
2 个	90.10	4.78	5.11
3 个及以上	40.49	4.12	55.39
总体	72.77	19.92	7.32

第二节　高学历女性理想与打算生育意愿偏离分析

一　高学历女性理想与打算生育意愿偏离状况

在前文描述的基础之上，本部分将生育旺盛期女性理想与打算生育意愿偏离，即理想与打算生育意愿之差作为被解释变量，以女性受教育程度为核心自变量，同时纳入年龄队列、户口等 10 个控制变量，共同构建 Multinomial Logistic 模型，探讨高学历女性理想与打算生育意愿偏离问题。模型回归结果如表 4-4 所示。

表 4-4　女性受教育程度对理想与打算生育意愿偏离的影响

变量	理想与打算生育意愿的偏离	
	理想 > 打算 / 理想 = 打算	理想 < 打算 / 理想 = 打算
受教育程度（小学及以下）		
初中	-0.24***	0.03
高中	-0.32***	0.11
大学专科	-0.39***	-0.11
大学本科及以上	-0.43***	-0.12
年龄队列（20~24 岁）		
25~29 岁	0.58***	-0.29**
30~34 岁	1.09***	-0.54***
35~39 岁	1.71***	~0.56***
户口（农业）		
非农业	0.19***	-0.08
民族（汉族）		
少数民族	-0.06	0.00
职业类型（低阶层）		
中间阶层	0.04	-0.03

续表

变量	理想与打算生育意愿的偏离	
	理想 > 打算 / 理想 = 打算	理想 < 打算 / 理想 = 打算
高阶层	0.01	0.09
个人收入	0.06**	−0.05*
家庭收入	0.04	0.06
夫妻独生属性（双独家庭）		
单独家庭	−0.01	−0.06
双非家庭	0.02	−0.07
已生育子女数（0~1个）		
2个	−2.58***	0.94***
3个及以上	−1.94***	4.19***
调查地区（东部地区）		
中部地区	-0.07**	0.26***
西部地区	0.06*	0.00
东北地区	0.00	0.02
常数项	−2.44***	−3.56***
LR chi^2（40）	15920.25	15920.25
Pseudo R^2	0.2338	0.2338
样本数	44711	44711

注：① 因变量以"理想生育意愿 = 打算生育意愿"为参照组；② 为了展示模型结果的影响方向，表中呈现的是标准化回归系数；③ *** $p<0.01$，** $p<0.05$，* $p<0.1$。

（一）高学历女性理想与打算生育意愿偏离的实证分析

从理想与打算生育意愿偏离的模型检验结果来看，以"理想生育意愿 = 打算生育意愿"为参照组，在控制了其他变量之后，女性受教育程度在"理想生育意愿大于打算生育意愿"模型中有显著影响，在"理想生育意愿小于打算生育意愿"模型中没有显著影响。从实证分析结果来看，随着受教育程度的提升，理想与打算生育意愿相等的可能性逐渐升高。换言之，高学历女性理想与打算生育意愿之间更可能一致，而非偏离。

（二）控制变量对女性理想与打算生育意愿偏离的影响

在理想与打算生育意愿偏离的模型中，在控制了其他变量后，不同年龄队列之间具有显著差异。具体而言，随着年龄的提升，女性的理想生育意愿更可能高于打算生育意愿。换言之，对于年龄更大的女性群体而言，其理想与打算生育意愿之间的差距可能更大，高年龄队列女性的生育意愿实现的难度明显更高；非农业户口女性理想大于打算生育意愿的可能性高于农业户口女性，即理想与打算生育意愿之间发生偏离的可能性更大；从个人收入的角度来看，高收入女性群体的理想生育意愿更可能大于打算生育意愿，其理想生育意愿小于打算的可能性很小，即收入越高的女性，理想与打算生育意愿越可能发生偏离；与已生育0~1个孩子的女性相比，已生育2个和3个及以上孩子的女性理想生育意愿小于打算的可能性更高，换言之，实际生育子女数更多的女性，更可能出现"后悔"或"不满意"的情绪；民族、职业类型、夫妻独生属性等变量并无显著影响。

二　不同生育状况下高学历女性理想与打算生育意愿偏离状况

从生命历程的角度来看，生育状况对女性生育意愿的转变与偏离有着重要影响，因此，区分不同孩次对生育意愿影响的实证研究具有重要意义。为避免总体样本对生育意愿偏离估计的模糊与偏误，本书将样本群体划分为已生育0~1孩、已生育2孩、已生育3孩及以上三组，分别纳入模型进行回归分析。与上文的分析方式相同，因变量为女性理想与打算生育意愿偏离，以女性的受教育程度为核心自变量，同时纳入年龄队列、户口等9个控制变量，共同构建生育旺盛期女性生育意愿的 Multinomial Logistic 模型，探讨在不同生育状况之下，高学历女性理想与打算生育意愿偏离情况。模型回归结果如表4-5所示。

表 4-5　不同生育状况下女性受教育程度对理想与打算生育意愿偏离的影响

变量	已生育 0~1 孩		已生育 2 孩		已生育 3 孩及以上	
	理想＞打算／理想＝打算	理想＜打算／理想＝打算	理想＞打算／理想＝打算	理想＜打算／理想＝打算	理想＞打算／理想＝打算	理想＜打算／理想＝打算
受教育程度（小学及以下）						
初中	-0.13**	-0.15	-0.35***	-0.04	-0.58***	-0.02
高中	-0.22***	-0.12	-0.51***	-0.02	-0.45	0.28*
大学专科	-0.32***	-0.59**	-0.32*	-0.03	1.24**	0.76*
大学本科及以上	-0.38***	-0.37	0.17	-0.09	0.34	0.28
年龄队列（20~24 岁）						
25~29 岁	0.58***	-0.06	0.35	-0.37**	-1.27**	-0.21
30~34 岁	1.11***	-0.26	0.48*	-0.80***	-1.21***	-0.13
35~39 岁	1.86***	-0.38*	0.55**	-1.22***	-0.89*	0.06
户口（农业）						
非农业	0.17***	-0.19	-0.11	0.09	0.66*	0.10
民族（汉族）						
少数民族	-0.23***	0.28	0.48***	0.26**	-0.15	-0.10
职业类型（低阶层）						
中间阶层	0.01	-0.05	0.12	0.12	0.34	-0.10
高阶层	-0.01	0.33	0.06	0.17	-0.08	-0.35
个人收入	0.12***	0.03	-0.06	-0.08	-0.20**	-0.07
家庭收入	0.02	-0.14	0.03	-0.00	0.11	0.11*
夫妻独生属性（双独家庭）						
单独家庭	-0.01	-0.01	0.36*	-0.25*	0.36	0.06
双非家庭	-0.04	0.15	0.69***	-0.09	0.67	-0.21

续表

变量	已生育 0~1 孩		已生育 2 孩		已生育 3 孩及以上	
	理想 > 打算 / 理想 = 打算	理想 < 打算 / 理想 = 打算	理想 > 打算 / 理想 = 打算	理想 < 打算 / 理想 = 打算	理想 > 打算 / 理想 = 打算	理想 < 打算 / 理想 = 打算
调查地区 （东部地区）						
中部地区	−0.06	−0.18	−0.04	0.11	0.13	0.53***
西部地区	0.08**	0.16	−0.04	0.03	0.05	−0.07
东北地区	0.05	−0.06	−0.80***	−0.15	−13.34	0.33
常数项	−2.98***	−2.22**	−3.42***	−1.34**	−0.92	−0.07
LR chi^2（40）	2122.19	2122.19	271.38	271.38	271.38	271.38
Pseudo R^2	0.0612	0.0612	0.0197	0.0197	0.0197	0.0197
样本数	23888	23888	17442	17442	3381	3381

注：① 因变量以"理想生育意愿＝打算生育意愿"为参照组；② 为了展示模型结果的影响方向，表中呈现的是标准化回归系数；③ *** $p<0.01$，** $p<0.05$，* $p<0.1$。

（一）不同生育状况下高学历女性理想与打算生育意愿偏离的实证分析

从三组不同样本的模型结果来看，以"理想生育意愿＝打算生育意愿"为参照组，在控制了其他变量之后，女性受教育程度在"理想生育意愿大于打算生育意愿"以及"理想生育意愿小于打算生育意愿"模型中均有显著影响，但在不同样本之间，方向和系数均有所不同。具体而言，在已生育 0~1 孩的样本中，随着受教育程度的提升，女性理想与打算生育意愿更倾向于一致；但在已生育 3 孩及以上的样本中，趋势发生了相反的变化，随着受教育程度的提升，理想与打算生育意愿更倾向于偏离。总体而言，与实际生育子女数较少的女性相比，已生育较多子女的女性生育意愿偏离的可能性随着受教育程度的提高而升高。

（二）不同生育状况下控制变量对女性理想与打算生育意愿偏离的影响

对比三组不同模型发现，在已生育 0~1 孩的样本中，在控制了其他变量后，不同年龄队列女性的理想与打算生育意愿偏离的情况具有显著差异，随着年龄的升高，女性理想生育意愿大于打算生育意愿的可能性更大；非农业户口女性的理想生育意愿更可能大于打算生育意愿，生育意愿落地实施的难度更大；与汉族女性相比，少数民族女性的理想与打算生育意愿更可能一致，这可能与少数民族地区生育限制政策相对宽松有关；随着个人收入的提升，女性理想生育意愿更可能大于打算生育意愿；职业类型、家庭收入、夫妻独生属性变量并没有显著差异。

在已生育 2 孩的样本中，不同年龄队列女性的生育意愿偏离情况差异明显。具体而言，随着年龄的增大，女性理想和打算生育意愿更倾向于一致。与已生育 0~1 孩的模型不同，对于已生育 2 孩的女性而言，相比汉族女性而言，少数民族女性的理想生育意愿更可能与打算生育意愿偏离。夫妻独生属性对理想生育意愿的偏离具有显著影响，单独和双非家庭理想生育意愿大于打算生育意愿的可能明显高于双独家庭。由于独生属性的限制，不同家庭的生育政策不同，因此，双非家庭实现生育理想的难度更大，造成理想与打算生育意愿的偏离。户口、职业类型、个人收入、家庭收入等变量没有显著差异。

在已生育 3 孩及以上的样本中，不同年龄队列对女性的理想与打算生育意愿的偏离同样具有显著影响。与已生育 0~1 孩和 2 孩的样本不同，在实际生育子女数较多的女性中，年龄越大的女性理想与打算生育意愿更可能趋向于一致，这和实际生育数较多的女性大体已经实现了自己的生育理想有关；非农业户口女性的理想生育意愿更可能大于打算生育意愿，生育意愿发生偏离的可能性明显更大；对于个人收入变量而言，已生育 3 孩及以上的样本呈现的趋势和已生育 0~1 孩的样本不同，随着女性个人收入的提升，其理想与打算生育意愿更加倾向于一致；民族、职业类型、夫妻独生属性对于已生育 3 孩及以上女性的生育意愿偏离没有显著影响。

第三节　婚姻匹配的中介作用

在前文对女性理想与打算生育意愿偏离影响的实证分析的基础之上，本部分进一步将教育、收入、职业三组婚姻匹配模式纳入，探索在不同婚姻匹配模式下女性理想与打算生育意愿偏离的差异。在此基础上，对核心自变量女性受教育程度对因变量的影响进行 KHB 分解，进一步探讨婚姻匹配的中介效应。具体操作过程中，在控制了年龄队列、户口等变量之后，分别纳入教育婚姻匹配、收入婚姻匹配和职业婚姻匹配三组变量，共同构建生育旺盛期女性理想与打算生育意愿偏离的 Multinomial Logistic 模型。回归结果如表 4-6 所示。

表 4-6　婚姻匹配对女性理想与打算生育意愿偏离的影响

变量	模型 1	模型 2	模型 3	模型 4
理想生育意愿 > 打算生育意愿 / 理想生育意愿 = 打算生育意愿				
教育婚姻匹配（夫妻同为小学及以下）				
夫妻同为初中	−0.19***			−0.20***
夫妻同为高中	−0.21***			−0.22***
夫妻同为大专	−0.29***			−0.31***
夫妻同为大学本科及以上	−0.24***			−0.25***
夫高妻低	−0.14**			−0.16**
夫低妻高	−0.24***			−0.26***
收入婚姻匹配（夫妻同为低收入）				
夫妻同为中等收入		−0.14		−0.13
夫妻同为高收入		−0.09		0.07
夫高妻低		−0.06		−0.07
夫低妻高		0.01		0.01
职业婚姻匹配（夫妻同为低阶层）				
夫妻同为中间阶层			0.02	0.05
夫妻同为高阶层			−0.02	0.02
夫高妻低			0.11**	0.13***
夫低妻高			0.07	0.10**
控制变量	控制	控制	控制	控制
常数项	−1.42***	−1.56***	−1.66***	−1.39***
LR chi^2（40）	15127.64	15115.29	15116.75	15161.54
Pseudo R^2	0.2360	0.2358	0.2359	0.2366

续表

变量	模型 1	模型 2	模型 3	模型 4
样本数	42259	42259	42259	42259
理想生育意愿＜打算生育意愿 / 理想生育意愿＝打算生育意愿				
教育婚姻匹配（夫妻同为小学及以下）				
夫妻同为初中	−0.02			−0.02
夫妻同为高中	−0.07			−0.04
夫妻同为大专	−0.09			−0.07
夫妻同为大学本科及以上	−0.20			−0.21
夫高妻低	0.07			0.08
夫低妻高	0.16*			0.16*
收入婚姻匹配（夫妻同为低收入）				
夫妻同为中等收入		−0.21		−0.19
夫妻同为高收入		−0.07		−0.01
夫高妻低		0.04		0.04
夫低妻高		−0.05		−0.07
职业婚姻匹配（夫妻同为低阶层）				
夫妻同为中间阶层			−0.13**	−0.10
夫妻同为高阶层			−0.03	0.04
夫高妻低			−0.03	−0.04
夫低妻高			0.08	0.08
控制变量	控制	控制	控制	控制
常数项	−3.44***	−3.44***	−3.40***	−3.44***
LR chi^2（40）	15127.64	15115.29	15116.75	15161.54
Pseudo R^2	0.2360	0.2358	0.2359	0.2366
样本数	42259	42259	42259	42259

注：① 因变量以"理想生育意愿＝打算生育意愿"为参照组；② 为了展示模型结果的影响方向，表中呈现的是标准化回归系数；③ *** $p<0.01$，** $p<0.05$，* $p<0.1$。

一 不同婚姻匹配模式对女性理想与打算生育意愿偏离的影响

在纳入三组婚姻匹配模式变量的模型之中，以"理想生育意愿＝打算生育意愿"为参照组，在控制了其他变量之后，教育与职业婚姻匹配在女性"理想生育意愿大于打算生育意愿"以及"理想生育意愿小于打算生育意愿"两组模型中均有显著影响。具体来看，对于教育婚姻匹配而言，随着夫妻受教育程度的提升，女性理想与打算生育意愿一致的可能性逐渐升高，其中尤以夫妻同为大专学历的最接近。再看受教育程度有差异的夫妻，即夫高妻低和夫低妻高婚姻匹配模式下的女性，理想与打算生育意愿一致的可能性同样高于夫妻同为小学及以下女性，但与夫妻均为大专学历的相比有差距。职业婚姻匹配无明显规律性；收入婚姻匹配变量对理想与打算生育意愿偏离的影响并不显著；在纳入全部变量的模型4中，大多数婚姻匹配变量的结果并无明显变化。

二 婚姻匹配的中介效应

从 KHB 分解的结果来看，总体而言，教育婚姻匹配、收入婚姻匹配和职业婚姻匹配变量对模型的影响结果差别不大。以初中和高中学历的女性为例，由表 4-7 可知，在 2 孩 /0~1 孩样本中，初中学历影响女性理想生育意愿的总效应为 -0.25，直接效应为 -0.22，间接效应为 -0.03。与此同时，高中学历影响女性理想生育意愿的总效应为 -0.33，直接效应为 -0.29，间接效应为 -0.04。这意味着与间接效应相比，受教育程度对女性理想与打算生育意愿偏离的直接效应更明显。综合以下模型结果，嵌套模型整体比较稳健，且与上述研究结论基本保持一致。

表 4-7 女性理想与打算生育意愿偏离模型核心自变量的 KHB 分解

学历		效应	教育婚姻匹配	收入婚姻匹配	职业婚姻匹配	全模型
初中	2 孩 /0~1 孩	总效应	-0.25***	-0.25***	-0.25***	-0.25***
		直接效应	-0.22***	-0.25***	-0.25***	-0.25***
		间接效应	-0.03	0.00	0.00	0.00
	3 孩及以上 /0~1 孩	总效应	-0.03	-0.03	-0.03	-0.03
		直接效应	-0.02	-0.03	-0.03	-0.01
		间接效应	-0.01	-0.00	0.00	-0.02

续表

学历		效应	教育婚姻匹配	收入婚姻匹配	职业婚姻匹配	全模型
高中	2孩/0~1孩	总效应	−0.33***	−0.33***	−0.32***	−0.32***
		直接效应	−0.29***	−0.33***	−0.33***	−0.33***
		间接效应	−0.04	0.00	0.01*	0.01*
	3孩及以上/0~1孩	总效应	0.11	0.11	0.11	0.11
		直接效应	0.18	0.11	0.12	0.19
		间接效应	−0.07	0.00	−0.01	−0.08
大学专科	2孩/0~1孩	总效应	−0.42***	−0.41***	−0.42***	−0.42***
		直接效应	−0.36***	−0.42***	−0.43***	−0.43***
		间接效应	−0.06	0.01*	0.01*	0.01*
	3孩及以上/0~1孩	总效应	−0.13	−0.14	−0.15	−0.15
		直接效应	−0.18	−0.15	−0.13	−0.17
		间接效应	0.05	0.01	−0.02	0.02
大学本科及以上	2孩/0~1孩	总效应	−0.44***	−0.44***	−0.44***	−0.44***
		直接效应	−0.43***	−0.45***	−0.45***	−0.45***
		间接效应	−0.01	0.01	0.01	0.01
	3孩及以上/0~1孩	总效应	−0.11	−0.09	−0.09	−0.11
		直接效应	0.13	−0.10	−0.06	0.16
		间接效应	−0.24	0.01	−0.03*	−0.27

注：*** $p<0.01$，** $p<0.05$，* $p<0.1$。

第四节　本章小结

本章使用 2017 年全国生育状况抽样调查数据，以生育旺盛期女性为样本，聚焦高学历女性理想与打算生育意愿的偏离情况，从总体特征描述，到总样本下女性受教育程度对理想与打算生育意愿之差的 Multinomial Logistic 回归分析，在此基础之上划分已生育状况，分析了不同婚姻匹配模式下的模型稳健性。综合以上结果，主要有以下三点研究发现。

第一，高学历女性理想与打算生育意愿偏离的可能性更小。从实证分析来看，在总体模型之中，随着女性受教育程度的提升，其理想与打算生育意愿相等的可能性也随之升高。换言之，受教育程度越高的女性，理想与打算生育意愿更可能一致，而非偏离。在前文的研究综述中，已对以往受教育程度与女性生育意愿之间的关联进行了总结。目前，学界对二者间关系的评断尚不明确。从本章的实证结果来看，本书更倾向于给出一个正面的答案，即女性受教育程度的提升有助于提高生育意愿，理想生育意愿与打算生育意愿之间更趋向一致。从总体上看，受过更高教育的女性，理想与打算生育意愿偏离的可能性更小。

第二，教育婚姻匹配在理想与打算生育意愿偏离模型中影响显著，收入与职业婚姻匹配并无明显规律。实证分析结果显示，随着夫妻受教育程度的提升，女性理想与打算生育意愿一致的可能性逐渐升高，其中尤以夫妻同为大专学历为最高。我们在婚姻匹配的中介效应检验中发现，相比间接效应，女性受教育程度对因变量的直接效应更明显。

第三，实际生育数较少的高学历女性，理想与打算生育意愿更倾向于一致。为了区分不同生育状态下，女性受教育程度对理想与打算生育意愿偏离的影响，本书在分析总体样本的基础之上，进一步细分了已生育 0~1 孩、已生育 2 孩和已生育 3 孩及以上三组不同样本。综合比较不同样本的模型结果可知，对于已生育 0~1 孩的女性而言，随着受教育程度的提升，理想与打算生育意愿相等的可能性更大，但在已生育 2~3 孩的群体之中，二者的关系出现了变化。简而言之，对于实际生育子女数较少的女性而言，随着受教育程度的升高，理想与打算生育意愿更倾向于一致；反观拥有更多子女的女性，受教育程度越高，理想生育意愿更可能小于打算生育意愿。二者呈现一定程度的偏离。综合来看，对于实际生育数较少的女性而言，受教育程度越高越容易满足于现状，这与前文描述中高学历女性自身的理想与打算生育意愿偏低有关。反观实际生育子女数较多的高学历女性，"想生"的可能性低于"打算生"的可能性，即生育实际在一定程度上违背了自身的生育意愿，因此"后悔"或对实际生育"不满意"的情况更为明显。

第五章　高学历女性打算生育意愿
与生育计划的偏离

　　作为生育意愿研究的重点领域，二孩生育意愿一直备受关注。前文着重探讨了高学历女性理想与打算生育意愿偏离的状况，本章进一步对生育意愿的递进过程进行拆解，旨在分析高学历女性打算生育意愿与生育计划偏离的情况。从行文的结构来看，第一步，运用2017年全国生育状况抽样调查数据，以生育旺盛期女性为样本，描述女性受教育程度、其他控制变量以及生育意愿的趋势与现状；第二步，将生育意愿进行拆解，构建打算生育意愿与生育计划偏离模型；第三步，在对模型分析的基础之上，对不同婚姻匹配模式下高学历女性二孩生育意愿进行对比分析。

第一节　打算生育意愿与生育计划偏离的总体特征

一　选择二孩生育意愿作为因变量的原因

　　生育抉择的序次模式认为，低孩次的生育意愿主要受到个体的家庭环境与社会主流价值观念的影响，而高孩次的生育意愿往往更为复杂，不仅会受到低孩次的影响，还要结合生育养育成本与经济实力，最终做出决策（Udry，1983）。持有序次模式观点的学者认为，生育意愿是一个随生命历程变化的动态过程，而非恒定。因此，在高孩次生育意愿形成的过程中，发生偏离的可能性会比低孩次更大。

从总体上看，中国依旧是一个普婚普育的国家，女性自愿不生育的比例并不高（翟振武、刘雯莉，2020）。孩子无论是对个体还是家庭而言，依旧具有不可替代的价值，一孩更多只是"推迟"，而非不生。因此，人们往往在拥有至少一个孩子之后，再考虑是否继续生育。如果说一孩的诞生是为了延续血脉是"必须"，那么二孩生育与否更多出于理性，容易受到制约。鉴于此，已生育一孩的家庭更可能出现意愿与行为的偏离。

根据特点—意愿—计划—行为序列模型，在前文考察完理想与打算生育意愿偏离之后，便来到打算生育意愿与生育计划偏离这一环。基于上述分析，二孩生育意愿相比其他孩次更具考察意义。因此本章主要以二孩打算生育意愿与生育计划的偏离为考察对象。在此基础之上，分析女性受教育程度与婚姻匹配对其的影响。

二　打算生育意愿与生育计划偏离的总体特征

在生育旺盛期女性打算生育意愿与生育计划偏离的分布中，呈现以下三个特征。

（一）生育意愿的不确定性较强

由于个人、家庭及社会因素的影响，在生育过程中，女性的生育意愿未必转化为生育计划，因此意愿与行为之间往往有着不小的差距。汤梦君（2020）的研究显示，一年半的时间过去后，原本"说不好"的一孩家庭中，60%的家庭已经放弃二孩生育，仅有20%的家庭还想继续再生。这种现象表明，随着时间的推移，原本的"没想好"有很大概率直接转换成"不生育"，没有明确生育计划的女性真正落实生育行为的可能性明显不高。分不同的现有子女数来看，在想继续生育的女性之中，27.04%的未生育女性、39.17%的已生育一孩女性、48.44%的已生育二孩女性都没有计划明确的生育时间（见表5-1）。

（二）生育计划的时间性体现了生育意愿的迫切程度

从总体上看，有30.26%的女性希望在2018年完成生育，平均而言这些女性的年龄较大，对生育的渴望也相对强烈。随着时间的推移，打算生育的比例逐渐降低，希望2019年、2020年和2020年以后完成生育的比例分别为16.51%、7.70%和6.69%。对于还未生育的女性而言，一孩的生育计划相对明确，57.69% 集中在 2018 年（见表 5-1）。而二孩的生育计划明显受到年龄的影响，对于 35 岁以下已生育一孩的女性来说，年龄越大，其计划生育二孩的时间越早。而 35~40 岁女性，她们一方面迫切想要继续生育，生育计划高度集中在 2018 年；另一方面没想好的比例又超过 40%。换言之，对于处在高龄生育期的女性而言，观望期越长，往往越难付诸行动。由于生理和社会经济等多重原因，二孩生育的"窗口期"稍纵即逝，生育意愿落实的难度越发增大。

表 5-1　生育旺盛期女性的生育计划特征

单位：%

现有子女数	2018 年	2019 年	2020 年	2020 年以后	没想好
0 个	57.69	12.24	1.81	1.22	27.04
1 个	27.05	17.56	8.73	7.48	39.17
2 个	18.97	15.77	8.30	8.52	48.44
3 个及以上	21.71	11.39	7.12	4.63	55.16
总体	30.26	16.51	7.70	6.69	38.83

（三）不同群体之间存在较大差异

从数据的描述结果来看，不同变量之间二孩生育意愿与计划偏离的情况不尽相同。从总体来看，31.09% 的女性打算生育二孩且有明确的生育计划，是理想、打算与计划相一致的人群；19.93% 的女性打算生育二孩，但没有明确的生育计划，体现为理想与打算一致，但是打算与计划偏离；而 48.99% 的女性不打算生育二孩，即理想与打算完全偏离。从比例上来看，在已生育一孩且理想生育数为 2 个的女性中，有相当一部分人放弃了二孩生育的想法，持观望态度的也不少，而实际想要落实二孩生育计划的女性只有三成左右。

具体而言，在受教育程度中，小学及以下女性放弃二孩生育的可能性最大，随着受教育程度的提升，打算生育二孩且有明确生育计划的比例反而有所提升；随着年龄的增长，女性放弃二孩生育的可能性逐渐升高，20~24 岁年龄队列占 16.43%，而 30~34 岁和 35~39 岁年龄队列已经分别上升到 50.53% 和 48.99%；非农业户口放弃二孩生育的可能性明显高于农业户口，同时，汉族女性也高于少数民族女性；较高职业阶层、高个人收入和家庭收入、双独家庭的女性放弃二孩生育的可能性更大；调查地区的差异性同样非常明显，相比其他地区，东北地区女性放弃二孩生育的可能性已超过 70%，远远超过了总体的均值，生育偏离现象严重（见表 5-2）。

表 5-2　女性生育意愿与生育计划偏离的特征

单位：%

变量	A1	A2	A3	变量	A1	A2	A3
受教育程度				高阶层	30.23	16.50	53.26
小学及以下	24.22	19.86	55.92	个人收入			
初中	31.43	22.62	45.95	低收入	30.77	27.25	41.98
高中	32.48	19.79	47.73	中等收入	29.24	19.05	51.71
大学专科	32.29	19.30	48.41	高收入	27.95	14.33	57.72
大学本科及以上	30.12	15.51	54.37	家庭收入			
年龄队列				低收入	31.68	24.97	43.35
20~24 岁	51.73	31.84	16.43	中等收入	31.61	20.77	47.62
25~29 岁	42.09	26.88	31.03	高收入	29.44	15.20	55.36
30~34 岁	30.55	18.93	50.53	夫妻独生属性			
35~39 岁	31.09	19.93	48.99	双独家庭	26.41	17.52	56.07
户口				单独家庭	31.85	19.69	48.46
农业	34.89	23.13	41.98	双非家庭	32.33	21.06	46.60
非农业	25.05	14.83	60.12	调查地区			
民族				东部地区	30.00	20.04	49.96
汉族	30.44	19.86	49.70	中部地区	35.67	22.46	41.87
少数民族	37.70	20.63	41.67	西部地区	35.64	19.51	44.84
职业类型				东北地区	15.14	14.81	70.06
低阶层	30.28	20.58	49.13	总体	31.09	19.93	48.99
中间阶层	27.97	18.45	53.58				

注：表格中的 A1 一列表示：打算生育数为 2 个，有明确的生育计划，即理想、打算与计划相一致的女性；A2 一列表示：打算生育数为 2 个，但没有明确生育计划，即为理想与打算一致但是打算与计划偏离的女性；A3 一列表示：不打算生育二孩，即理想与打算完全偏离的女性。

第二节　高学历女性打算生育意愿与生育计划偏离分析

正如前文所述，二孩生育意愿是生育研究的重点内容。为了更好体现生育意愿的序次递进关系，以实现与前文的衔接，本部分将已生育一孩，理想生育二孩的女性单独拿出来进行研究。在前文描述的基础之上，进一步将女性生育意愿与生育计划的偏离作为被解释变量，因变量总共划分为三类：打算生育数为 2 个，有明确的生育计划，即理想、打算与计划相一致的女性；打算生育数为 2 个，却没有明确的生育计划，即理想与打算一致而打算与计划偏离的女性；不打算生育二孩，即理想与打算完全偏离的女性。在实证分析中，以女性受教育程度为核心自变量，同时纳入年龄队列、户口等 9 个控制变量，共同构建生育旺盛期女性打算生育意愿与生育计划偏离的 Multinomial Logistic 模型。回归结果如表5-3 所示。

表 5-3　女性受教育程度对打算生育意愿与生育计划偏离的影响

变量	打算生育意愿与生育计划偏离	
	模型 1	模型 2
受教育程度（小学及以下）		
初中	−0.17	−0.39***
高中	−0.31**	−0.51***
大学专科	−0.37***	−0.76***
大学本科及以上	−0.43***	−0.88***
年龄队列（20~24 岁）		
25~29 岁	0.10	0.81***
30~34 岁	0.13	1.51***
35~39 岁	0.20*	2.72***
户口（农业）		
非农业	0.01	0.29***

续表

变量	打算生育意愿与生育计划偏离	
	模型 1	模型 2
民族（汉族）		
少数民族	−0.20**	−0.55***
职业类型（低阶层）		
中间阶层	0.22***	0.10*
高阶层	0.21**	−0.01
个人收入	−0.04	0.16***
家庭收入	−0.20***	−0.10**
夫妻独生属性（双独家庭）		
单独家庭	−0.13*	−0.36***
双非家庭	−0.14*	−0.54***
调查地区（东部地区）		
中部地区	−0.22***	−0.27***
西部地区	−0.33***	−0.11**
东北地区	0.17	0.83***
常数项	2.36***	−0.67*
LR chi^2（40）	3127.01	3127.01
Pseudo R^2	0.1004	0.1004
样本数	15459	15459

注：① 因变量以"打算生育数为 2 个，有明确的生育计划"为参照组；② 为了展示模型结果的影响方向，表中呈现的是标准化回归系数；③ *** $p<0.01$，** $p<0.05$，* $p<0.1$。

一 高学历女性打算生育意愿与生育计划偏离的实证分析

从模型检验结果来看，以"打算生育数为 2 个，有明确的生育计划"为参照组，在控制了其他变量之后，女性受教育程度在"打算生育数为 2 个，却没有明确的生育计划"以及"不打算生育二孩的女性"两组模型中均有显著影响，但方向有所不同。具体而言，随着受教育程度的提升，女性更可能打算生育二孩且有明确的生育计划。换言之，生育意愿发生偏离的可能性越小。

二　控制变量对女性打算生育意愿与生育计划偏离的影响

从控制变量的分析结果来看，在控制了其他变量后，不同年龄队列女性的生育意愿与生育计划偏离情况具有显著差异。总体而言，随着年龄的增长，女性的生育意愿与生育计划之间发生偏离的可能性越来越大，即低年龄队列的女性打算生育二孩且有明确生育计划的可能性较大，而高年龄队列的女性正相反。究其原因，高年龄队列女性大多处于最佳生育期末端，对于生育二孩的问题，即使有心，也无力。与农业户口女性相比，非农业户口女性不打算生育二孩的可能性更大；少数民族女性相比汉族女性的生育意愿偏离情况明显更弱；在不同的职业类型中，职业阶层更高的女性发生生育意愿偏离的可能性更大。

从个人收入的角度来看，个人收入越高的女性不打算生育二孩的可能性越大，更可能发生生育意愿偏离的情况；但家庭收入的变化趋势与之相反，家庭收入越高的女性，其打算生育二孩且有明确生育计划的可能性越大，生育意愿与计划越可能趋向于一致；夫妻独生属性同样具有显著影响，与双独家庭相比，单独和双非家庭女性生育意愿发生偏离的可能性更小，其理想、打算与计划之间更倾向于一致；不同调查地区女性的生育意愿偏离情况有所不同，与东部地区相比，中部和西部地区女性打算生育二孩，并且有明确生育计划的可能性更大，而东北地区则呈相反趋势。

第三节　婚姻匹配的中介作用

在前文对女性打算生育意愿与生育计划偏离影响的实证分析基础之上，本节进一步将教育、收入、职业三组婚姻匹配模式纳入，探索在不同婚姻匹配模式下女性打算生育意愿与生育计划偏离的差异。在此基础上，针对核心自变量女性受教育程度对因变量的影响进行 KHB 分解，进一步探讨婚姻匹配的中介效应。具体操作过程中，在控制了年龄队列、户口等变量之后，分别纳入了教育婚姻匹配、收入婚姻匹配和职业婚姻匹配三组变量，共同构建生育旺盛期女性打算生育意愿与生育计划偏离的 Multinomial Logistic 模型。回归结果如表 5-4 所示。

表 5-4　婚姻匹配对女性打算生育意愿与生育计划偏离的影响

变量	模型 1	模型 2	模型 3	模型 4
打算生育意愿与生育计划偏离 / 理想、打算与生育计划相一致				
教育婚姻匹配（夫妻同为小学及以下）				
夫妻同为初中	−0.45**			−0.45**
夫妻同为高中	−0.59***			−0.60***
夫妻同为大专	−0.72***			−0.73***
夫妻同为大学本科及以上	−0.75***			−0.74***
夫高妻低	−0.39**			−0.39**
夫低妻高	−0.54***			−0.54***
收入婚姻匹配（夫妻同为低收入）				
夫妻同为中等收入		−0.12		−0.06
夫妻同为高收入		−0.26		−0.13
夫高妻低		−0.10		−0.04
夫低妻高		−0.06		0.01
职业婚姻匹配（夫妻同为低阶层）				
夫妻同为中间阶层			0.00	0.06
夫妻同为高阶层			−0.14	−0.00
夫高妻低			−0.06	−0.01
夫低妻高			−0.05	0.02
控制变量	控制	控制	控制	控制
常数项	0.24	−0.17	−0.25**	0.27
LR chi^2（40）	2824.29	2770.23	2782.99	2836.38
Pseudo R^2	0.0965	0.0946	0.0950	0.0969
样本数	14461	14461	14461	14461
理想与打算生育意愿完全偏离 / 理想、打算与生育计划相一致				
教育婚姻匹配（夫妻同为小学及以下）				
夫妻同为初中	−0.46***			−0.46***
夫妻同为高中	−0.47***			−0.48***
夫妻同为大专	−0.78***			−0.79***

续表

变量	模型 1	模型 2	模型 3	模型 4
夫妻同为大学本科及以上	−0.80***			−0.79***
夫高妻低	−0.42***			−0.43***
夫低妻高	−0.58***			−0.58***
收入婚姻匹配（夫妻同为低收入）				
夫妻同为中等收入		−0.16		−0.11
夫妻同为高收入		−0.21		−0.06
夫高妻低		−0.11		−0.07
夫低妻高		−0.07		−0.00
职业婚姻匹配（夫妻同为低阶层）				
夫妻同为中间阶层			−0.01	0.06
夫妻同为高阶层			−0.20**	−0.05
夫高妻低			0.07	0.12*
夫低妻高			−0.05	0.02
控制变量	控制	控制	控制	控制
常数项	−0.11	−0.52**	−0.63***	−0.08
LR chi^2（40）	2824.29	2770.23	2782.99	2836.38
Pseudo R^2	0.0965	0.0946	0.0950	0.0969
样本数	14461	14461	14461	14461

注：① 因变量以"理想、打算与计划相一致"为参照组；② 为了展示模型结果的影响方向，表中呈现的是标准化回归系数；③ *** $p<0.01$，** $p<0.05$，* $p<0.1$。

一　不同婚姻匹配模式对女性打算生育意愿与生育计划偏离的影响

在纳入三组婚姻匹配模式变量的模型之中，以"理想、打算与生育计划相一致"为参照组，在控制了其他变量之后，教育与职业婚姻匹配在女性"打算生育意愿与生育计划偏离"以及"理想与打算生育意愿完全偏离"两组模型中均有显著影响。具体来看，对于教育婚姻匹配而言，随着夫妻受教育程度的提高，结果与因变量呈现负相关，即受教育程度越高的夫妻，其理想、打算生育意愿与生育计划一致的可能性越大。再看受教育程度有差异的夫妻，无论夫高妻低还是夫低妻高婚姻匹配模式的女性，理想、打算生育意愿与生育计划一致的可能同样高于夫妻同为小学及以下女性，但低于夫妻同为大学本科及以上女性。在职业婚姻匹配中，只有夫妻同为高阶层变量显著，且相比夫妻同为低阶层的婚姻匹配模式，女性理想、打算生育意愿与生育计划一致的可能性更高；收入婚姻匹配模式变量对该模型结果的影响并不显著；在纳入所有变量的模型 4 中，绝大多数婚姻匹配模式变量结果并无明显变化，模型结果较为稳定。

二 婚姻匹配的中介效应

为了进一步检验上述嵌套模型的研究结论，本部分用 KHB 分解法重新估计了教育婚姻匹配、收入婚姻匹配、职业婚姻匹配以及全模型中，女性受教育程度对打算生育意愿与生育计划偏离的影响，重点比较了不同嵌套模型之中，女性受教育程度相对于基础模型的系数变化。从总体上看，与其他几组嵌套模型结果相比，在教育婚姻匹配嵌套模型中，受教育程度变量发生的变化最大。以大学专科和大学本科及以上学历的女性为例，由表 5-5 可知，在 3 孩及以上 /0~1 孩样本中，大学专科变量的总效应为 -0.90，直接效应为 -0.80，间接效应为 -0.10；与此同时，大学本科及以上学历的总效应为 -0.89，直接效应为 -0.85，间接效应为 -0.04。这意味着，与间接效应相比，受教育程度对女性打算生育意愿与生育计划偏离的直接效应更明显。综合全部模型，结果与上述研究结论基本一致。

表 5-5 女性二孩生育意愿偏离模型核心自变量的 KHB 分解

学历		效应	教育婚姻匹配	收入婚姻匹配	职业婚姻匹配	全模型
初中	2 孩 /0~1 孩	总效应	−0.21*	−0.22*	−0.22*	−0.22*
		直接效应	−0.01	−0.22*	−0.22*	−0.01
		间接效应	−0.20*	−0.00	−0.00	−0.21*
	3 孩及以上 /0~1 孩	总效应	−0.38***	−0.38***	−0.38***	−0.39***
		直接效应	−0.23*	−0.38***	−0.38***	−0.25*
		间接效应	−0.15	−0.00	0.00	−0.14

续表

学历		效应	教育婚姻匹配	收入婚姻匹配	职业婚姻匹配	全模型
高中	2孩/0~1孩	总效应	-0.37***	-0.37***	-0.36***	-0.36***
		直接效应	-0.19	-0.36***	-0.36***	-0.18
		间接效应	-0.18	-0.01	-0.00	-0.18
	3孩及以上/0~1孩	总效应	-0.52***	-0.52***	-0.53***	-0.52***
		直接效应	-0.45***	-0.52***	-0.52***	-0.48***
		间接效应	-0.07	-0.00	0.01	-0.04
大学专科	2孩/0~1孩	总效应	-0.42***	-0.43***	-0.43***	-0.43***
		直接效应	-0.27	-0.42***	-0.43***	-0.27
		间接效应	-0.15	-0.01	0.00	-0.16
	3孩及以上/0~1孩	总效应	-0.90***	-0.79***	-0.79***	-0.79***
		直接效应	-0.80***	-0.79***	-0.80***	-0.73***
		间接效应	-0.10	0.00	0.01	-0.06
大学本科及以上	2孩/0~1孩	总效应	-0.47***	-0.47***	-0.47***	-0.48***
		直接效应	-0.37*	-0.47***	-0.48***	-0.38*
		间接效应	-0.10	-0.00	0.01	-0.10
	3孩及以上/0~1孩	总效应	-0.89***	-0.89***	-0.89***	-0.88***
		直接效应	-0.85***	-0.89***	-0.90***	-0.89***
		间接效应	-0.04	0.00	0.01	0.01

注：*** $p<0.01$，** $p<0.05$，* $p<0.1$。

第四节 本章小结

相对于上一章理想与打算生育意愿的偏离，本章继续推进，关注生育意愿的进一步拆解，即高学历女性打算生育意愿与生育计划之间的关系。以生育旺盛期女性二孩生育意愿为重点研究对象，从基本现状描述，到Multinomial Logistic 回归分析，归纳了不同婚姻匹配模式的中介作用。综合以上结果，主要有以下三点研究发现。

第一，高学历女性打算生育意愿与生育计划偏离的可能性更小。从实证分析结果来看，受教育程度越高的女性，打算生育二孩且有明确生育计划的概率也越高，生育意愿发生偏离的可能性就越小。换言之，受教育程度越高的女性，打算生育意愿与生育计划之间一致的可能性越大。这一点和第一章的研究结论相似：对于高学历的女性而言，无论是理想与打算生育意愿间，还是打算生育意愿与生育计划间，一致性均大于差异性。

第二，教育婚姻匹配在打算生育意愿与生育计划偏离的模型中影响显著，收入与职业婚姻匹配并无明显规律性。实证结果显示，在纳入三组婚姻匹配之后，模型的显著性发生了一定变化，其中尤以教育婚姻匹配的影响最明显。总体而言，随着夫妻受教育水平的提升，女性的打算生育意愿与生育计划偏离的可能性也随之降低，即夫妻学历水平更高的教育婚姻匹配模式，打算生育意愿与生育计划之间更倾向于一致。反观收入与职业婚姻匹配，则并无显著影响。在检验婚姻匹配的中介效应时我们发现，女性受教育程度对因变量的直接效应大于间接效应。

第三，二孩生育的不确定性很强，且具有明显的群体差异性。通过对描述性分析的总结可以发现，在调查已完成一孩生育女性的进一步生育计划时，将近三成持否定回答。与此同时，在对现有子女数进行细分之后发现，所有持继续生育打算的女性之中，有相当一部分人并没有明确的计划生育时间。对于二孩生育意愿问题，可以从以下三个方面进行总结。

首先，分年龄群体来看，对于年轻队列的女性而言，打算生育二孩且生育计划明确的人数很多。随着年龄的增长，35 岁之后女性不想生育的比例接近五成。

其次，从生育计划的年份来看，平均年龄更大且准备生育二孩的女性，生育渴望更强烈，更希望尽早完成生育；但每往后推一年，打算生育的比例降低趋势明显。

最后，从生育意愿偏离的总体状况上来看，将近一半的女性理想与打算生育意愿完全偏离，已经放弃生育二孩。哪怕在已生育一孩且理想生育数为 2 个的女性之中，持观望态度的也不少，实际想要落实二孩生育计划的只有三成左右。

综上所述，二孩生育的不确定性很强，且具有明显的群体差异。随着时间的推移，原本持"没想好"回答的女性很大概率会转换成"不生育"，其比例远远高于从"不想生"转变为"想生"的（汤梦君，2020）。

第六章　高学历女性生育意愿与生育行为的偏离

根据特点—意愿—计划—行为序列模型，前文着重探讨了高学历女性生育意愿的层层递减关系，按照理想生育意愿—打算生育意愿—生育计划的顺序，探讨了每一层级生育意愿偏离之间的关联。为了探究高学历生育意愿实现困境的深层致因，实现从生育意愿到生育行为的逻辑闭环，与前文不同的是，本章将不再着眼于生育意愿内部的层层偏离，转而探究生育意愿与实际生育行为的关系。以单独和双独家庭为研究对象，探讨女性受教育程度对生育意愿与生育行为偏离的影响。从结构上来看，第一步，运用2017年全国生育状况抽样调查数据，以单独和双独家庭女性为样本，探讨生育意愿以及阻碍生育意愿实现的因素；第二步，对生育意愿实现进行拆解，构建生育意愿与生育行为偏离模型；第三步，以此模型为基础，对不同婚姻匹配模式下女性生育意愿的实现进行对比分析。

第一节　生育意愿与生育行为偏离的总体特征

一　选择30~39岁单独家庭及30~49岁双独家庭女性作为研究对象的原因

在中国，生育政策对促进社会经济发展与推动人口转变起到举足轻重的作用。回顾我国的生育政策可知，在过去的40多年之间生育政策经历了从严格管控、相对宽松到逐渐包容的深刻转变（杨菊华，2021）。从作用上来看，中国的生育政策对生育意愿影响深远，甚至在一定程度上重塑了人们的生育理想与打算，制约了人们的生育行为。即使在生育政策相对放宽的时代，依旧不能完全否认政策对一部分人群的直接作用，以及广泛意义上的威慑力。因此，在中国的语境范围内研究生育意愿与生育行为的偏离，绝不能避开生育政策片面讨论二者之间的关联。

为了最大限度规避生育政策对生育意愿以及实际生育行为的影响，本章主要将目光聚焦于两类人群：一是年龄在30~39岁且在"单独二孩"政策实施（2013年12月）之前完成一孩生育的单独家庭女性，二是30~49岁的双独家庭女性。下面将从三个方面对选取该样本做出解释。

第一，年龄限定。由中国妇女（分城乡）的年龄别生育率可知（郑真真，2021；赵梦晗，2016），我国一孩的平均生育年龄在20~30岁，这就引出了两个棘手问题：一方面，对于低年龄队列而言，一孩生育行为可能尚未发生，而在未发生实际生育行为之前谈论意愿与行为的偏离，并无太大研究价值；另一方面，对于高年龄队列而言，大多数女性在严格的计划生育政策之下度过了自己的最佳生育期，此时政策的刚性影响可能大于受教育程度，从而影响本章的研究结论。

综合以上两方面原因，本书选取30~39岁的单独家庭女性作为研究对象，避开不合适的年龄阶段。需要特殊说明的是，由于"双独政策"（即夫妻双方均为独生子女的可以生育第二孩）自20世纪90年代以来便陆陆续续展开，相对单独家庭而言，双独家庭的女性在生育时间的限制方面更少，因此年龄可以适当放宽。

第二，生育政策放宽时间。首先，生育作为一个复杂的生命历程事件，备孕、受孕、生产至少需要一年的时间。从生育政策的执行角度来看，2013年11月12日，"单独二孩"政策（即夫妻一方为独生子女即可生育第二孩）正式施行，而本书所选取的2017年全国生育状况抽样调查数据，开始于2017年7月1日。因此，从生育意愿实施的可能性来看，此时"单独二孩"政策已实行三年半，对于已生育一孩且符合条件的单独家庭女性而言，有时间将生育意愿落到实处。反之，如果在长达三年半的时间里，仍未将生育意愿转化成生育实际，此时再来探讨生育意愿与行为的偏离更加契合本章的研究主题。

与之相对的，"全面二孩"政策实施于 2015 年 12 月 31 日，距离调查时间（2017 年 7 月 1 日）满打满算不过才一年半。即使女性有再强的生育意愿，想要将其落到实处，也需要天时、地利、人和。鉴于此，本章选择生育放宽时间更充裕的单独家庭女性（已完成一孩生育）以及双独家庭女性，而非全体样本，更能满足研究需要。

第三，孩次选择的角度。生育抉择的序次模式（Udry，1983）将一孩和二孩的生育进行了明确区分。正如前文所述，对于普婚普育的国家而言，二孩生育意愿与实际发生偏离的可能性明显大于一孩。同时，作为我国生育政策宽松化的重要突破口，无论是"单独二孩"还是"全面二孩"政策，均以二孩为关注重点。鉴于以上两点原因，本章聚焦于单独及双独家庭女性的二孩生育意愿实现，以期完成从生育意愿偏离到实际生育行为落地的完整闭环。

二　单独及双独家庭女性生育意愿与行为偏离的总体特征

在单独及双独家庭女性生育意愿实现的分布中，呈现以下两个方面的特征。

（一）打算生育二孩女性实现自身生育意愿的可能性最大

从总体上看，对于单独家庭女性而言，理想与打算生育意愿实现的比例分别为 56.51% 和 77.01%，实现二孩生育意愿的占绝大多数；而双独家庭女性，情况则相反，理想与打算生育意愿实现的比例分别为 29.03% 和 56.27%，未实现二孩生育意愿的占绝大多数。

从理想与打算生育意愿的差异来看，无论在何种样本群体中，打算生育意愿实现的可能均高于理想生育意愿。正如前文所言，从理想生育意愿、打算生育意愿、生育计划到实际生育数之间呈现依次递减关系，相比其他类别，打算生育二孩的女性往往更可能将生育意愿付诸实践。

从不同的变量特征来看，在几组样本中，女性实现二孩生育意愿的比例随受教育程度的提高依次递减；非农业户口女性生育二孩的比例低于农业户口，少数民族女性生育二孩的比例高于汉族；与其他职业类型相比，处于高阶层的女性实际生育二孩的比例最低；个人和家庭收入与职业类型呈现相似特质，即高收入阶层女性放弃生育二孩的可能最高；调查地区的差异性同样明显，与其他地区相比，东北地区女性实现二孩生育的比例最低（见表6-1）。

表6-1　单独及双独家庭女性生育意愿与行为偏离的情况

单位：%

变量	30~39岁单独家庭女性				30~49岁双独家庭女性			
	理想生育二孩		打算生育二孩		理想生育二孩		打算生育二孩	
	实现	未实现	实现	未实现	实现	未实现	实现	未实现
受教育程度								
小学及以下	76.84	23.16	88.84	11.16	67.65	32.35	88.24	11.76
初中	65.82	34.18	82.54	17.46	49.03	50.97	78.18	21.82
高中	48.62	51.38	74.52	25.48	28.89	71.11	57.72	42.28
大学专科	36.33	63.67	58.57	41.43	18.40	81.60	43.80	56.20
大学本科及以上	32.50	67.50	58.06	41.94	20.60	79.40	42.50	57.50
年龄队列								
30~34岁	58.91	41.09	72.76	27.24	28.35	71.65	47.34	52.66
35~39岁	54.18	45.82	82.13	17.87	33.68	66.32	68.88	31.13
40~44岁	—	—	—	—	23.48	76.52	77.92	22.08
45~49岁	—	—	—	—	17.07	82.93	77.08	22.92
户口								
农业	66.82	33.18	82.36	17.64	50.89	49.11	73.23	26.77
非农业	35.87	64.13	62.74	37.26	19.30	80.70	44.69	55.31
民族								
汉族	56.44	43.56	77.37	22.63	29.12	70.88	56.55	43.45
少数民族	57.34	42.66	73.14	26.86	27.34	72.66	51.11	48.89
职业类型								
低阶层	67.91	32.09	83.67	16.33	54.65	45.35	81.65	18.35
中间阶层	45.37	54.63	70.08	29.92	20.94	79.06	46.07	53.93

续表

变量	30~39岁单独家庭女性				30~49岁双独家庭女性			
	理想生育二孩		打算生育二孩		理想生育二孩		打算生育二孩	
	实现	未实现	实现	未实现	实现	未实现	实现	未实现
高阶层	36.58	63.42	61.69	38.31	22.01	77.99	48.66	51.34
个人收入								
低收入	76.72	23.28	87.92	12.08	46.41	53.59	78.71	21.29
中等收入	50.49	49.51	74.88	25.12	21.78	78.22	49.09	50.91
高收入	34.58	65.42	59.52	40.48	18.44	81.56	43.68	56.32
家庭收入								
低收入	72.92	27.08	86.52	13.48	47.61	52.39	76.86	23.14
中等收入	57.10	42.90	78.08	21.92	24.54	75.46	52.34	47.66
高收入	38.21	61.79	65.59	34.41	23.32	76.68	48.79	51.21
调查地区								
东部地区	53.29	46.71	75.06	24.94	27.89	72.11	57.30	42.70
中部地区	64.75	35.25	79.79	20.21	37.13	62.87	59.27	40.73
西部地区	62.60	37.40	79.71	20.29	40.00	60.00	62.23	37.77
东北地区	39.17	60.83	72.54	27.46	15.32	84.68	39.64	60.36
总体	56.51	43.49	77.01	22.99	29.03	70.97	56.27	43.73

（二）经济负担重、没人带孩子、养育孩子太费心是阻碍继续生育的重要原因

数据结果显示，在单独及双独家庭女性群体中，阻碍继续生育的主要原因、次要原因及第三原因，分别是"经济负担重"、"没人带孩子"和"养育孩子太费心"。其中，"经济负担重"占比为63.52%，"没人带孩子"占比为25.50%，"养育孩子太费心"占比为22.48%。

从占比的差异性可以看出，与其他两项相比，"经济负担重"是阻碍女性继续生育的最主要原因。这里的经济负担，不仅包括家庭收入与生育养育费用，还包括因生育养育而造成的时间与机会损失以及由此带来的经济损失（王俊，2020）。而"没人带孩子"和"养育孩子太费心"更多是从照料的角度影响女性的生育决策，这也从侧面反映了我国对生育养育政策支持不足，"生育友好型"社会的构建任重道远（见表6-2）。

表6-2　阻碍继续生育的主要原因、次要原因及第三原因

单位：%

变量	主要原因	次要原因	第三原因
经济负担重	63.52	11.47	5.19
没人带孩子	11.30	25.50	10.75
影响个人事业发展	2.06	5.83	10.96
年龄太大	6.12	8.32	10.62
丈夫不想生	0.91	1.78	3.51
夫妻身体原因	1.67	2.02	2.16
养育孩子太费心	6.53	13.52	22.48
自己还没想好	3.99	4.18	8.24
现有子女不愿意	0.93	0.98	2.51
其他	2.97	26.39	23.57
总计	100.00	100.00	100.00

第二节　高学历女性生育意愿与生育行为偏离分析

本节将包含两个样本群体，分别为30~39岁"单独二孩"政策实施（2013年12月）之前完成一孩生育的单独家庭女性，以及30~49岁双独家庭女性。以女性受教育程度为核心自变量，同时纳入年龄的平方、户口等8个控制变量，共同构建单独及双独家庭女性二孩生育意愿实现的 Binary Logistic 模型，探讨受教育程度对女性生育意愿实现的影响。模型回归结果如表6-3所示。

表 6-3　单独及双独家庭女性二孩理想与打算生育意愿实现的 Binary Logistic 模型

变量	理想生育意愿实现		打算生育意愿实现	
	30~39 岁单独家庭女性	30~49 岁双独家庭女性	30~39 岁单独家庭女性	30~49 岁双独家庭女性
受教育程度（小学及以下）				
初中	−0.30***	−0.61**	−0.33**	−0.61
高中	−0.71***	−1.01***	−0.65***	−1.42***
大学专科	−0.83***	−1.32***	−1.12***	−1.74***
大学本科及以上	−0.63***	−1.07***	−0.84***	−1.80***
年龄的平方	−0.02	−0.03	0.03	0.04
户口（农业）				
非农业	−0.74***	−0.64***	−0.60***	−0.40***
民族（汉族）				
少数民族	−0.12	−0.17	−0.48***	−0.41
职业类型（低阶层）				
中间阶层	−0.12	−0.36***	−0.10	−0.43***
高阶层	0.07	0.20	−0.02	0.18
个人收入	−0.33***	−0.58***	−0.25***	−0.40***
家庭收入	−0.03	0.39***	−0.02	0.35**
调查地区（东部地区）				
中部地区	0.44***	0.33***	0.22**	0.03
西部地区	0.14*	0.14	0.08	−0.15
东北地区	−0.87***	−1.00***	−0.52***	−0.90***
常数项	4.64***	2.86***	2.12***	0.22
LR chi^2（40）	1001.37	553.91	487.02	386.11
Pseudo R^2	0.1240	0.1260	0.1084	0.1498
样本数	5830	3846	3915	1864

注：① 因变量以"未实现二孩生育"为参照组；② 为了展示模型结果的影响方向，表中呈现的是标准化回归系数；③ *** $p<0.01$，** $p<0.05$，* $p<0.1$。

一　高学历女性生育意愿实现状况的实证分析

从生育意愿实现的模型检验结果来看，以"未实现二孩生育"为参照组，在控制了其他变量之后，核心自变量对女性生育意愿实现模型具有显著影响。具体来看，两组样本呈现相同特征，即随着受教育程度的提升，女性实际生育二孩的可能性逐渐降低，其中尤以大专学历表现最为突出。换言之，高学历女性实现二孩生育即满足自身理想与打算生育意愿的可能性更低。

二　控制变量对女性二孩生育意愿实现的影响

在生育意愿实现的模型当中，在控制了其他变量后，与农业户口相比，非农业户口女性实现二孩生育的可能性更低；个人收入越高的女性生育二孩的可能性越低，与受教育程度影响呈现相同的特征，但家庭收入的增加却有利于 30~49 岁双独家庭女性二孩生育，对女性实际生育二孩构成积极影响；不同调查地区女性生育意愿实现的程度有所不同，相比东部地区，中部地区女性更可能实现二孩生育，但东北地区呈现相反的特征，实际生育二孩比例明显较低。

第三节　婚姻匹配的中介作用

在前文对单独及双独家庭女性生育意愿实现的实证分析基础之上，本节进一步将教育、收入、职业三组婚姻匹配模式纳入，探索在不同婚姻匹配模式下单独及双独家庭女性生育意愿实现的差异。在此基础上，针对核心自变量女性受教育程度对因变量的影响进行 KHB 分解，进一步探讨婚姻匹配的中介效应。具体操作过程中，在控制了年龄队列、户口等变量之后，分别纳入了教育婚姻匹配、收入婚姻匹配和职业婚姻匹配三组变量，共同构建单独及双独家庭女性生育意愿实现的 Binary Logistic 模型。回归结果如表 6-4、表 6-5、表 6-6、表 6-7 所示。

表 6-4 婚姻匹配对 30~39 岁单独家庭女性理想生育意愿实现的影响

变量	模型 1	模型 2	模型 3	模型 4
教育婚姻匹配（夫妻同为小学及以下）				
夫妻同为初中	−0.75***			−0.76***
夫妻同为高中	−1.10***			−1.10***
夫妻同为大专	−1.05***			−1.05***
夫妻同为大学本科及以上	−0.67***			−0.66***
夫高妻低	−0.96***			−0.95***
夫低妻高	−0.91***			−0.91***
收入婚姻匹配（夫妻同为低收入）				
夫妻同为中等收入		0.26		0.38
夫妻同为高收入		0.75		0.78
夫高妻低		0.19		0.33
夫低妻高		0.15		0.27
职业婚姻匹配（夫妻同为低阶层）				
夫妻同为中间阶层			0.15	0.17
夫妻同为高阶层			−0.07	−0.13
夫高妻低			−0.12	−0.09
夫低妻高			0.01	0.04
控制变量	控制	控制	控制	控制
常数项	6.01***	5.58***	5.21***	6.14***
LR chi^2（40）	874.72	845.83	841.99	891.93
Pseudo R^2	0.1217	0.1177	0.1172	0.1241
样本数	5188	5188	5188	5188

注：① 因变量以"未实现二孩生育"为参照组；② 为了展示模型结果的影响方向，表中呈现的是标准化回归系数；③ *** $p<0.01$，** $p<0.05$，* $p<0.1$。

表 6-5 婚姻匹配对 30~39 岁单独家庭女性打算生育意愿实现的影响

变量	模型 1	模型 2	模型 3	模型 4
教育婚姻匹配（夫妻同为小学及以下）				
夫妻同为初中	−0.64**			−0.63**

续表

变量	模型 1	模型 2	模型 3	模型 4
夫妻同为高中	-0.85***			-0.83**
夫妻同为大专	-1.14***			-1.12***
夫妻同为大学本科及以上	-0.72**			-0.68**
夫高妻低	-0.92***			-0.90***
夫低妻高	-0.78**			-0.78**
收入婚姻匹配（夫妻同为低收入）				
夫妻同为中等收入		-0.00		0.08
夫妻同为高收入		0.52		0.54
夫高妻低		0.04		0.11
夫低妻高		-0.03		0.02
职业婚姻匹配（夫妻同为低阶层）				
夫妻同为中间阶层			-0.07	-0.04
夫妻同为高阶层			-0.47	-0.50
夫高妻低			-0.08	-0.04
夫低妻高			-0.09	-0.07
控制变量	控制	控制	控制	控制
常数项	3.04***	2.97***	2.75***	3.74***
LR chi^2（40）	404.28	391.57	389.82	413.25
Pseudo R^2	0.1017	0.0985	0.0981	0.1040
样本数	3483	3483	3483	3483

注：① 因变量以"未实现二孩生育"为参照组；② 为了展示模型结果的影响方向，表中呈现的是标准化回归系数；③ *** $p<0.01$，** $p<0.05$，* $p<0.1$。

表 6-6　婚姻匹配对 30~49 岁双独家庭女性理想生育意愿实现的影响

变量	模型 1	模型 2	模型 3	模型 4
教育婚姻匹配（夫妻同为小学及以下）				
夫妻同为初中	-0.94**			-0.90**
夫妻同为高中	-1.51***			-1.48***

续表

变量	模型 1	模型 2	模型 3	模型 4
夫妻同为大专	−1.65***			−1.62***
夫妻同为大学本科及以上	−1.14***			−1.09***
夫高妻低	−1.25***			−1.21***
夫低妻高	−1.20***			−1.21***
收入婚姻匹配（夫妻同为低收入）				
夫妻同为中等收入		−0.66***		−0.64***
夫妻同为高收入		−0.75***		−0.81***
夫高妻低		−0.71***		−0.70***
夫低妻高		−0.77***		−0.82***
职业婚姻匹配（夫妻同为低阶层）				
夫妻同为中间阶层			0.37	0.52
夫妻同为高阶层			0.43	0.52
夫高妻低			0.23	0.37
夫低妻高			0.63	0.75
控制变量	控制	控制	控制	控制
常数项	3.95***	2.74***	2.26***	2.99***
LR chi^2（40）	502.90	483.72	478.52	522.97
Pseudo R^2	0.1221	0.1174	0.1162	0.1270
样本数	3558	3558	3558	3558

注：① 因变量以"未实现二孩生育"为参照组；② 为了展示模型结果的影响方向，表中呈现的是标准化回归系数；③ *** $p<0.01$，** $p<0.05$，* $p<0.1$。

表 6-7　婚姻匹配对 30~49 岁双独家庭女性打算生育意愿实现的影响

变量	模型 1	模型 2	模型 3	模型 4
教育婚姻匹配（夫妻同为小学及以下）				
夫妻同为初中	−0.84**			−0.91**
夫妻同为高中	−1.32***			−1.35***

续表

变量	模型 1	模型 2	模型 3	模型 4
夫妻同为大专	−1.54***			−1.63***
夫妻同为大学本科及以上	−1.21***			−1.22***
夫高妻低	−1.20***			−1.23***
夫低妻高	−1.19***			−1.20***
收入婚姻匹配（夫妻同为低收入）				
夫妻同为中等收入		−0.55		−0.54
夫妻同为高收入		−0.83**		−0.88**
夫高妻低		−0.77**		−0.80**
夫低妻高		−0.82**		−0.95***
职业婚姻匹配（夫妻同为低阶层）				
夫妻同为中间阶层			−0.09	−0.01
夫妻同为高阶层			−0.16	−0.12
夫高妻低			−0.14	−0.02
夫低妻高			0.18	0.25
控制变量	控制	控制	控制	控制
常数项	−0.31	0.59	0.40	−0.73
LR chi^2（40）	308.09	321.34	318.14	321.54
Pseudo R^2	0.1308	0.1342	0.1329	0.1365
样本数	1704	1704	1704	1704

注：① 因变量以"未实现二孩生育"为参照组；② 为了展示模型结果的影响方向，表中呈现的是标准化回归系数；③ *** $p<0.01$，** $p<0.05$，* $p<0.1$。

一 不同婚姻匹配模式对女性生育意愿实现的影响

在纳入婚姻匹配模式变量的模型之中，以"未实现二孩生育"为参照组，在控制了其他变量之后，三组婚姻匹配变量对女性生育意愿实现的影响不同。分群体来看，对于单独家庭的女性而言，只有教育婚姻匹配的结果显著。具体来看，随着夫妻受教育程度的提高，结果与因变量呈现负相关，即高学历的夫妻，女方实际生育二孩的可能性更低，其中大专学历最低。再看受教育程度有差异的夫妻，无论夫高妻低还是夫低妻高婚姻匹配模式下的女性，实现二孩生育的可能都低于参照组，但高于夫妻同为大专学历的女性。

对于双独家庭女性，教育婚姻匹配结果与单独家庭类似，但在收入婚姻匹配中结果也显著，夫妻同为高收入的女性实际生育二孩的可能性更低，职业婚姻匹配并无显著影响。在纳入所有变量的模型 4 中，婚姻匹配变量的结果未发生明显变化，回归结果较为稳健。

二　婚姻匹配的中介效应

从 KHB 分解的结果来看，总体而言，与职业和收入婚姻匹配变量相比，教育婚姻匹配对模型的影响更大。以大学专科和大学本科及以上女性为例，由表 6-8 可知，大学专科学历影响 30~39 岁单独家庭女性理想生育意愿实现的总效应为 -0.88，直接效应为 -0.98，间接效应为 0.09；与此同时，大学本科及以上学历的总效应为 -0.55，直接效应为 -1.03，间接效应为 0.47。这意味着与间接效应相比，受教育程度对 30~39 岁单独家庭女性理想生育意愿实现的直接效应更明显。综合以下结果，嵌套模型整体比较稳健，且与上述研究结论基本保持一致（见表 6-8、表 6-9、表 6-10 和表 6-11）。

表 6-8　30~39 岁单独家庭女性理想生育意愿实现模型核心自变量的 KHB 分解

学历	效应	教育婚姻匹配	收入婚姻匹配	职业婚姻匹配	全模型
初中	总效应	−0.33***	−0.29**	−0.30**	−0.33***
	直接效应	−0.14	−0.29**	−0.29**	−0.11
	间接效应	−0.19	−0.00	−0.01	−0.22*
高中	总效应	−0.78***	−0.74***	−0.75***	−0.78***
	直接效应	−0.81***	−0.73***	−0.73***	−0.77***
	间接效应	0.03	−0.01	−0.02	−0.01
大学专科	总效应	−0.88***	−0.84***	−0.84***	−0.89***
	直接效应	−0.98***	−0.83***	−0.83***	−0.93***
	间接效应	0.09	−0.01	−0.02	0.05

续表

学历	效应	教育婚姻匹配	收入婚姻匹配	职业婚姻匹配	全模型
大学本科及以上	总效应	−0.55***	−0.54***	−0.53***	−0.56***
	直接效应	−1.03***	−0.55***	−0.50***	−0.99***
	间接效应	0.47**	0.01	-0.03	0.43**

注：*** *p*<0.01，** *p*<0.05，* *p*<0.1。

表 6-9　30~39 岁单独家庭女性打算生育意愿实现模型核心自变量的 KHB 分解

学历	效应	教育婚姻匹配	收入婚姻匹配	职业婚姻匹配	全模型
初中	总效应	−0.30*	−0.28	−0.27	−0.29
	直接效应	−0.17	−0.27	−0.27	−0.16
	间接效应	−0.13	−0.01	−0.00	−0.13
高中	总效应	−0.60***	−0.58***	−0.58***	−0.60***
	直接效应	−0.70***	−0.57***	−0.59***	−0.71***
	间接效应	0.10	−0.01	0.01	0.11
大学专科	总效应	−1.05***	−1.02***	−1.03***	−1.05***
	直接效应	−1.19***	−1.02***	−1.05***	−1.21***
	间接效应	0.14	−0.00	0.02	0.16
大学本科及以上	总效应	−0.69***	−0.66***	−0.66***	−0.68***
	直接效应	−1.14***	−0.67***	−0.66***	−1.17***
	间接效应	0.45	0.01	-0.00	0.49*

注：*** *p*<0.01，** *p*<0.05，* *p*<0.1。

表 6-10　30~49 岁双独家庭女性理想生育意愿实现模型核心自变量的 KHB 分解

学历	效应	教育婚姻匹配	收入婚姻匹配	职业婚姻匹配	全模型
初中	总效应	−0.63**	−0.62**	−0.62**	−0.63**
	直接效应	−0.52	−0.60**	−0.63**	−0.52
	间接效应	−0.11	−0.02	0.01	−0.11
高中	总效应	−1.06***	−1.04***	−1.03***	−1.06***
	直接效应	−0.72**	−1.00***	−1.04***	−0.67*
	间接效应	−0.34	−0.04	0.01	−0.39

续表

学历	效应	教育婚姻匹配	收入婚姻匹配	职业婚姻匹配	全模型
大学专科	总效应	-1.33***	-1.32***	-1.31***	-1.34***
	直接效应	-1.08***	-1.29***	-1.30***	-1.02***
	间接效应	-0.25	-0.03	-0.01	-0.32
大学本科及以上	总效应	-1.11***	-1.11***	-1.10***	-1.11***
	直接效应	-1.50***	-1.08***	-1.07***	-1.41***
	间接效应	0.39	-0.03	-0.03	0.30

注：*** $p<0.01$，** $p<0.05$，* $p<0.1$。

表 6-11　30~49 岁双独家庭女性打算生育意愿实现模型核心自变量的 KHB 分解

学历	效应	教育婚姻匹配	收入婚姻匹配	职业婚姻匹配	全模型
初中	总效应	-6.22	-0.72	-0.69	-6.24
	直接效应	-0.12	-0.70	-0.69	-0.11
	间接效应	-6.10	-0.02	-0.00	-6.13
高中	总效应	-7.17	-1.59***	-1.57***	-7.19
	直接效应	-0.76	-1.55***	-1.56***	-0.69
	间接效应	-6.41	-0.04	-0.01	-6.50
大学专科	总效应	-7.58	-1.89***	-1.87***	-7.60
	直接效应	-1.17**	-1.88***	-1.87***	-1.16*
	间接效应	-6.41	-0.01	0.00	-6.44
大学本科及以上	总效应	-7.72	-2.00***	-1.97***	-7.74
	直接效应	-1.68***	-1.99***	-1.95***	-1.64**
	间接效应	-6.04	-0.01	-0.02	-6.10

注：*** $p<0.01$，** $p<0.05$，* $p<0.1$。

第四节　本章小结

本章运用 2017 年全国生育状况抽样调查数据，以 30~39 岁已完成一孩生育的单独家庭女性以及 30~49 岁双独家庭女性为研究对象，重点关注高学历女性生育意愿与生育行为的偏离情况，从对生育意愿与行为的现状描述，到针对受教育程度对女性生育意愿实现的 Binary Logistic 回归分析，总结了婚姻匹配的中介作用。结合前文的分析结果，主要有以下三点研究发现。

第一，高学历女性生育意愿与生育行为发生偏离的可能性更大。与第四章和第五章的研究结果刚好相反，在生育意愿向生育行为转化的过程中，受教育程度越高的女性，实际生育二孩的可能性反而越低。从实证分析的结果来看，对于单独及双独家庭的女性而言，随着受教育程度的提升，实际生育二孩的比例也逐渐降低。换言之，高学历女性生育意愿与生育实际之间更可能发生偏离。

第二，教育与收入婚姻匹配在生育意愿与生育行为偏离的模型中影响显著。实证结果显示，教育婚姻匹配对单独家庭女性二孩生育意愿的实现影响显著，教育与收入婚姻匹配对双独家庭女性二孩生育意愿的实现影响显著。从模型结果的方向来看，两组样本呈现相似的变化趋势。具体而言，随着夫妻受教育程度、收入水平的提升，女性实际生育二孩的比例随之降低，而职业婚姻匹配在两组样本中影响均不显著。我们在验证婚姻匹配的中介效应时发现，与间接效应相比，受教育程度对女性生育意愿实现的直接效应更明显，模型结果具有稳健性。

第三，经济负担过重成为阻碍继续生育的最重要原因。深究阻碍女性继续生育的原因，"经济负担重"、"没人带孩子"和"养育孩子太费心"占据前三位。其中，"经济负担重"的比重远超后两项，占比为 60% 以上。这也在一定程度上反映了目前我国生育养育政策支持不足，"生育友好型"社会的构建仍有很大空间。

第七章　共同富裕视角下高学历女性
　　　　　　生育支持政策构建

　　本书基于 2017 年全国生育状况抽样调查数据，以高学历女性生育意愿实现困境为研究主题，书中细分了年龄队列，考察了不同年龄段育龄期女性的生育意愿实现程度。同时纳入婚姻匹配作为中介变量，深入分析了阻碍生育意愿落地的因素与机制。前文已论述了高学历女性生育意愿实现困境的问题表征、内在机制与政策思路，本章将着眼点放在高学历女性群体的支持性生育政策构建问题上。

第一节　高学历女性生育意愿实现困境的深层致因

一　生育配套体系不完善或成阻碍高学历女性生育意愿实现的重要因素

　　第六章的数据结果显示，阻碍女性继续生育排名前三的因素，依次为"经济负担重"、"没人带孩子"和"养育孩子太费心"，占比分别是 63.52％、25.50％和 22.48％。以上问题均指向了我国生育配套体系不完善的现实。首先，就经济压力而言，大城市不断攀升的房价、市场化育儿服务的高成本、教育养育过程中的高消费使家庭"不敢生""生不起"。同时，在全社会普遍关注教育的大背景之下，学区房、才艺特长、课外辅导等精细化养育方式使育儿成本与日俱增。其次，就照料负担而言，由于我国 0~3

岁托幼服务体系尚不完全，制度性安排与照料服务供应缺位，使大多数家庭只能采取夫妻"自力更生"、父母辅助照料的方式养育子女。最后，就养育压力而言，目前我国缺少针对女性兼顾工作与育儿的制度性支持，促进工作－家庭平衡的政策缺失，使女性养育负担加重，这一点在中等收入家庭中表现尤为明显（王俊、石人炳，2021）。

面对以上种种问题，生育友好型社会构建任重道远。从本书的实证研究结果来看：一方面，生育友好型社会建设可能解决"想生却不敢生"（生育意愿与生育行为偏离）的问题，通过支持性生育政策的制定与落实，削弱各种生育阻碍因素对生育意愿实现的影响，能够在一定程度上提高生育水平；另一方面，生育友好型社会建设可能还会在一定程度上改变"不想生"（理想生育数不高）的问题，或从生育意愿的源头提高女性理想生育子女数。

二　高学历女性生育意愿内部偏离较小，但与实际生育行为之间偏离较大

综观全书的实证研究我们可以发现，按照特点—意愿—计划—行为序列模型，高学历女性生育意愿更高，且内部发生偏离的可能性更低，这一点在第三章、第四章、第五章中均有所体现。分别来看，第三章研究的重点在于不同年龄队列女性的生育意愿。结果显示，在生育旺盛期女性中，理想与打算生育意愿随着受教育程度的提高而升高，即受教育程度越高，女性的生育意愿越高；基本完成生育期女性受教育程度与生育意愿呈现正U型关系，即受教育程度最低和最高的女性，理想与打算生育意愿更高。

第四章重点关注生育旺盛期女性理想与打算生育意愿之差。研究结果显示，受教育程度越高的女性，理想与打算生育意愿越趋向一致。第五章的研究结论与之相似，在研究生育旺盛期女性二孩生育意愿与生育计划之间的关系时发现，随着受教育程度的提升，打算生育意愿与生育计划之间发生偏离的概率变小。综合看来，对于高学历女性而言，无论是理想生育意愿与打算生育意愿，还是打算生育意愿与生育计划之间，发生偏离的可能性均较小。

但在研究生育意愿与生育行为的偏离时，情况明显发生了逆转。第六

章的实证结果显示，随着受教育程度的提升，女性实际生育二孩的比例逐渐降低。换言之，受教育程度越高的女性，生育意愿与生育行为之间越可能发生偏离。

用通俗的语言来解释，高学历女性群体更像是"语言上的巨人，行动上的矮子"。从生育意愿的角度来看，无论是生育意愿本身，还是理想、打算、计划不同层级生育意愿之间的重重偏离，高学历女性都呈现较强的一致性，即她们自身的生育意愿并不低，甚至在女性整体生育意愿的逐级递减中依旧维持在一个较高的水平。但在落实为实际生育行为的时候，却遇到了不小的阻碍，大多数高学历的女性并未按照她们"所想"而生育，出于主观或客观的原因，意愿无法落到实处，"想生却不敢"，因此成为生育意愿与生育行为偏离最严重的群体。

本书试图从"母职惩罚"与"制度障碍"两个角度对上述结果做出可能的解释。

首先，诸多研究表明，受过更高教育的女性更倾向于实践"密集母职"，即对儿童的抚育与照料投入更多，从而提高育儿质量，以满足子女未来发展的需求（许琪，2018）。与此同时，高学历女性小时工资率与时间机会成本更高，可能面临更加严重的"生育惩罚"（王俊、石人炳，2021）。长期以来，母职经纪人化（杨可，2018）、"全能妈妈"（陈蒙，2018）等词语频繁出现在媒体的讨论之中。一方面，高学历女性更担心孩子"输在起跑线上"；另一方面，更高的受教育水平使得她们投入育儿工作的机会成本更大。因此"工作－生活"的冲突愈演愈烈，最终体现在生育意愿与生育行为之间的偏离上。

其次，我国现存的政策制度与公共服务体系，不足以支持高学历女性群体实现自身生育意愿。从时间角度考虑，我国生育政策的放宽不过几年，与许多国家相比，生育支持体系并不发达。正式的支持体系缺失，使育儿成本完全由家庭负担，职场女性由此付出了更多的养育成本。但从现实层面考虑，子女未来所创造的价值并非父母独有，而是为全体社会成员共享。从某种意义上说，社会分担机制的缺乏也使得高学历女性"想生却不敢生"，客观上造成了生育意愿与生育行为之间的偏离。

三　在婚姻匹配中处于较高阶层的夫妻，生育意愿内部的偏离较小，但与实际生育行为之间偏离较大

本书除了探讨核心自变量，即女性受教育程度与生育意愿及其实现之间的关系之外，还纳入了婚姻匹配变量，力求从夫妻视角出发，探究教育婚姻匹配、收入婚姻匹配以及职业婚姻匹配对生育意愿及其实现过程的影响。婚姻匹配也呈现差异化的特征。举例而言，在第四章理想与打算生育意愿偏离的研究中，无论是教育婚姻匹配还是收入婚姻匹配，处于更高社会阶层的夫妻，理想与打算生育意愿一致的可能性更大。

在第五章打算生育意愿与生育计划偏离的研究中，结论与之类似，在三组婚姻匹配变量纳入之后模型发生了显著变化，其中教育婚姻匹配的影响最为明显。简单来说，随着夫妻受教育水平的提升，女性二孩生育意愿与生育计划偏离的可能性随之降低，即在夫妻学历水平更高的家庭之中，女性二孩生育意愿与生育计划之间更趋一致。

但在涉及实际生育行为时，情况发生了逆转。第六章的实证分析结果显示，教育婚姻匹配、收入婚姻匹配变量对生育意愿与生育行为偏离均有显著影响，二者呈现相似特征。具体而言，随着夫妻受教育程度、收入水平的提升，女性实际生育二孩的比例随之降低，二孩生育意愿与生育行为之间发生偏离的可能性更大。

在验证婚姻匹配的中介效应时我们发现，与间接效应相比，受教育程度对女性生育意愿实现的直接效应更明显，模型结果具有稳健性。

本书试图从中间阶层[①]"育儿焦虑"与"夫妻权力"两个角度对上述结果做出可能的解释。

首先，中间阶层"育儿焦虑"。近几年来，中间阶层"育儿焦虑"问题屡屡见诸媒体，作为受教育程度更高、收入更高、育儿投入能力更强的群体，中间阶层夫妻的"育儿焦虑"，与其理解为"育儿压力"，不如解释成对"社会地位"的焦虑，抑或是对"代际流动"失败的焦虑（王俊、石人炳，2021）。从阶层属性而言，本书中的中间阶层并非"富豪"阶层，他

---

① 根据中间阶层的划分方式（李春玲，2016）以及 2017 年全国生育状况抽样调查数据，本书中在婚姻匹配中处于较高阶层的夫妻大多属于中间阶层。

们目前所取得的社会地位与财富，往往不是依靠父代给予，而是凭借自身努力获得。因此，一方面，中间阶层期待向上流动，改变自身所处的社会位置；另一方面，又要防止向下流动，或至少维持当前阶层不变（杨菊华，2021）。鉴于此，他们如果将本可以投入自身职业发展的时间与精力投入生育养育之中，就显得"不那么划算"。夫妻双方作为利益共同体，共同承担育儿导致的家庭利益"折损"，这一点在男女两性方面均有体现。以上种种因素的累加，使得中间阶层夫妻的"育儿焦虑"升级，这从客观上加大了从生育意愿向生育行为转化的难度。

其次，"夫妻权力"。国外夫妻权力的相关理论，先后有相对资源论、情感依赖论、文化规范论等，其中尤以相对资源论应用最为广泛（李建新、郭牧琦，2015）。该理论由 Blood 和 Wolfe（1960）提出，将夫妻的权力大小与所占市场资源，比如受教育程度、工资收入、职业声望等方面直接挂钩。换言之，在夫妻受教育程度、收入均较高的家庭中，"夫妻平权"的可能性更大，妻子的家庭决策权更大。大量的研究结果表明，妻子在家庭中的地位是生育决策的重要影响因素（杨凡，2016；郑真真，2019；石智雷、杨雨萱，2019）。女性是生育的主体，同时高学历女性在家庭中又掌握了足够的话语权，因此，与上一点研究结论（高学历女性生育意愿实现的难度更大）"相辅相成"，处于更高社会阶层的夫妻，生育意愿与行为发生偏离的可能性更大。

四　生育意愿及其实现的研究，受到女性生命历程的影响

从全书的实证分析结果来看，生育意愿及其实现，很大程度上取决于女性自身状况。具体而言，不同年龄队列、不同已生育状况、不同生命历程阶段女性的生育意愿与生育行为存在很大差别。以第三章中女性受教育程度对生育意愿的影响为例，对于40~49岁基本完成生育期的女性而言，实际生育数和打算生育数之间往往高度重合。简言之，对于接近生育期末端的女性来说，其理想生育意愿并不一定会降低，但年龄的增长却从客观上抑制了女性继续生育的可能。

究其原因，主要表现在以下两个方面。

一方面，从生理年龄的角度考虑。由于人类有天然的生育年龄上限，

对于基本完成生育期即 40~49 岁的女性而言，差不多已接近生育年龄的尾声，无论是从生育能力还是个人身体状况来看，都不足以支持其实现生育意愿。即使少数高学历女性有继续生育的打算，大多也是"有心无力"。

另一方面，从生育政策的角度考虑。追溯历史，中国的计划生育政策严格执行于 20 世纪 80 年代，这一时期与如今 40~49 岁女性的生育旺盛期刚好重合，尤其是对国企或国家公务部门工作人员来说，大多数女性不敢生育二孩。而在全面放开二孩的时代，该群体又错过了最佳生育期，这就导致生育意愿很难落实。

再以第四章中女性受教育程度对理想与打算生育意愿偏离的影响为例，在区分不同已生育状况的情况之下，理想与打算生育意愿的一致性表现出很大不同。简言之，实际生育子女数较少的女性中，随着受教育程度的提高，理想与打算生育意愿更倾向于一致；反观已生育多子女的女性，则更可能发生偏离。

其原因可以追溯到前文的总体特征描述中。数据结果显示，高学历女性的理想与打算生育意愿本身就偏低，在中国普婚普育的大背景之下，可以"偏离"的空间本来就很小。反观实际拥有更多子女的高学历女性，其"想生"的可能性低于"打算生"的可能性，这也与高学历女性本就偏低的理想生育意愿有关。

第二节　共同富裕与高学历女性生育支持政策构建

一　高学历女性生育困境对社会流动及共同富裕实现的可能影响

社会流动作为社会学研究的核心议题之一，长期以来，引领着学者对关于社会结构、阶层变迁以及机会均等问题的深入探讨（翟学伟，2003）。作为评估社会资源与机会分配公平性的重要指标，社会流动的程度直接影响社会结构的稳定与社会公平的实现。高度的社会流动意味着个体成就更多依赖于自身能力、努力和技能，而非出身或社会背景。相对地，较低的社会流动可能导致贫富差距加剧以及社会阶层的固化，从而影响共同富裕的实现。

已有的研究表明，教育通常被视为促进社会流动的关键因素（钱民辉，2004）。随着"高等教育女性化"现象的日益普遍，受教育程度越高的女性，其在社会流动中的机会越大。从经济层面来看，受教育程度可以提高女性的技能水平和就业机会，提高其社会经济地位和收入水平，从而更容易实现社会流动；从权利层面来看，受教育程度还可以提高女性的意识水平和决策能力，使其更有能力参与政治和社会事务，为自己争取权益和资源，从而改善生活和社会地位。

但是高学历女性群体的生育意愿实现却不容乐观。多数具有较高学历的女性，在生育方面的实际选择并未完全符合她们的预期。受制于各种主、客观原因，她们的生育意愿往往难以实现，导致该群体"渴望生育但未付诸行动"的现象较为突出。而高学历女性的生育意愿实现困境会对社会流动及共同富裕的实现造成重大影响，以下主要从三个方面对此进行阐述。

第一，从生育时机来看。面对职场竞争和职业发展的压力，高学历女性在面临生育抉择时更可能感到矛盾和纠结。反过来，由于高学历女性对社会阶层向上流动的追求，可能导致其在职业生涯中受到时间和精力的限制，从而影响实际生育行为。

第二，从生育选择来看。在权衡事业发展和生育时，出于主观或客观原因，高学历女性往往选择优先发展事业。因此，拥有较高受教育水平的女性可能无法将其所取得的社会地位和经济地位传给下一代，这可能导致后代的社会流动性受限。

第三，从生育数量来看。受教育程度较高的女性往往在职业发展上抱有更高的期望，为了实现职业目标和提高社会地位，她们或许会选择推迟生育计划，或减少孩子数量。这种情况有可能影响社会流动的速度和方向，因为生育率的下降可能导致人口老龄化现象，并进一步影响劳动力市场和经济增长。

面对以上种种问题，我们应高度重视高学历女性生育意愿实现困境对社会流动及共同富裕实现的影响。下面通过系统分析已有公共政策与制度，汲取国内外生育支持政策的经验教训，深入挖掘不同区域、不同世代、不同群体应对生育意愿实现困境的模式、特点及现存问题，基于共同富裕视角，构建针对高学历女性群体的生育支持体系。

二　共同富裕视角下高学历女性生育支持政策构建

目前，"低生育率"难题已成为影响我国经济社会发展和共同富裕实现的一个突出问题。面对复杂的人口形势，在共同富裕推进过程中，全社会应对"低生育"现象给予高度关注。2021 年 6 月，中共中央、国务院发布进一步优化生育政策的新举措，推动实施一对夫妻可以生育三个子女的政策，并辅以积极的生育配套措施，以期平缓生育率下降趋势，满足更多家庭的生育意愿。面对人口形势的重大转变，生育政策转型势在必行。早在 2020 年 10 月 29 日，党的十九届五中全会便首次提出了"增强生育政策包容性"，这一新提法将"生育政策"与"包容性"相互关联，开启了中国生育政策转型的新篇章。2021 年 3 月 11 日，十三届全国人大四次会议再次强调"增强生育政策包容性"，这被视为生育政策转型的阶段性新目标。

生育政策包容性的提出，是面对人口大变局的必然选择，而包容性的新理念，对降低生育养育成本、加强普惠托育服务以及建立生育支持体系等方面均提出了前所未有的新要求。

精准施策的前提是了解服务对象的真实需求。为了提升施策效能，需要在政策期待与群众需求之间找到一个平衡点。为此，本书的研究提供了可能的实证支持。下面将从生育环境、育儿补贴、女性就业、托育服务四个方面加以阐述。

（一）生育环境——营造"性别平等"的社会环境，鼓励男性参与育儿

在一个追求共同富裕的社会中，女性不再被视为家庭和生育的主要承担者，而被视为与男性平等的、在多个领域都能发挥重要作用的个体。这种观念的转变有助于让高学历女性在生育和职业发展方面做出更加自主和自信的选择。基于发达国家生育政策与生育率之间关系的实证研究我们发现，营造"性别平等"以及促进女性发展的大环境，有利于生育水平的提升。Harknett 等（2014）基于"欧洲社会调查"中 20 个国家的数据分析了生育与支持性社会环境之间的关系，发现支持性生育环境与二孩生育以及更高孩次的生育意愿和生育行为之间呈正相关关系。Billingsley 和 Ferrarini（2014）分析了 21 个欧洲国家的生育政策与个体特征，发现性别平等的生育支持政策有利于提升男性与女性初育及再次生育的意愿。

　　欧洲许多生育率水平较高的国家，都采取过以工作与家庭平衡为导向的家庭政策，且成效显著。以瑞典的带薪育儿假为例（马春华，2016），夫妻双方各自享有育儿假，其中有一定天数无法转移给对方，如若不用则自行作废。这种基于性别配额制度的生育政策，可以最大限度保证男性对育儿工作的参与。德国是生育假期制度最完善的欧洲国家之一（房莉杰、陈慧玲，2021），在鼓励夫妻合作育儿方面进行了诸多尝试。在德国，夫妻双方都拥有最多三年的生育假，在这期间不仅可以申领生育津贴，还享有兼职的权利，受到政府的解雇保护等。

　　目前，我国延长育儿假政策大多从女性单方面的角度出发，而很少以"夫妻"、"父母"或者"家庭"为出发点。根据本书的分析，我们更应将男性带回生育养育过程中，从婚姻家庭的视角切实改善女性的生育环境。育儿假的性别配额制度对中国具有启示作用。首先，性别平等的政策导向设计，鼓励男性更多参与育儿工作，通过照料子女或承担家务劳动等方式，降低女性在育儿过程中的实际负担；其次，该制度对于降低女性职业发展的负面影响有明显的积极作用，女性更容易重返职场，并在劳动就业市场中获得更加公平的待遇；最后，整个社会传播性别平等的价值观，有利于生育友好型环境的构建，对全社会而言具有规范性意义。

　　夫妻共休育儿假的执行，可能对缓解女性就业歧视起到积极作用，但在具体实施过程中，仍需反复斟酌。该政策可能存在的问题包括以下两个。第一，如采取员工主动申请制，一定程度上会对新手父母造成影响，尤其是父亲一方。或因担心领导同事认为其不称职而自行放弃，继而给女性就业带来负面影响。第二，"雇主责任制"会提高企业用人成本，使企业丧失探索活力。

　　面对以上两个问题，可能的解决方案有以下两个：一是建立完善的管理制度，在政策设计之初应考虑到育儿假的自动赋予，而非依靠员工个人申请；二是设置严格的监管制度，尤其在育儿假执行的前期，应确保员工合法权益的实现。同时政府对执行良好的企业应给予适当奖励，酌情分担企业额外付出的用工成本。

（二）育儿补贴——通过阶梯式组合与调整，满足社会各阶层需求

　　如果说育儿假是从时间方面解决"生"的问题，那么育儿补贴则是从经济方面解决"养"的问题。中国属于发展中国家，经济因素对于生育意愿落实的影响不容忽视。在本书的研究结果中，"经济负担重"是阻碍生育意愿实现的最重要因素。许多发达国家的经验也表明，实施税收优惠以及发放育儿补贴，对生育水平的提升具有明显效果。比如，澳大利亚政府曾先后推出了初育税收减免政策与儿童看护税收减免措施（Drago et al.，2011），对生育水平的提升起到了积极作用；挪威、俄罗斯等国家生育率的提高与政府颁布生育奖金政策密切相关（Rønsen，2004；Slonimczyk & Yurko，2014）；等等。

虽然在许多发达国家中，育儿补贴对生育水平有正面影响，但是，目前学界关于育儿补贴的实施效果依旧颇具争议。

新家庭经济学理论认为，生育孩子的边际成本包括两个方面：一是直接成本，主要指在生育养育孩子过程中的物质投入，如住房、食物、衣物等；二是间接成本，主要指的是机会成本，即假设母亲没有退出劳动力市场可能获得的收入，以及人力资本投入的预期回报（Walker，1995）。在生育中，受过高等教育女性的间接成本明显更高。因此，与高阶层的育儿投入规模相比，无差别、均等化、普惠性的育儿补贴无异于杯水车薪，这就导致高学历女性对育儿补贴的反应并不强烈。

大多数发达国家的育儿激励政策都是从低收入家庭入手的，比如英国的"确保生育补助金"专为低收入家庭设立，符合准入门槛的家庭可以一次性获得500英镑的经济补偿；美国针对单亲以及低收入家庭采取了一系列的生育支持措施，例如现金补贴、就业培训、托幼抚育等（陈梅等，2021）。对低收入阶层提供适当的经济补偿有利于降低家庭的育儿成本，从而起到刺激生育的目的。但从本书的研究结果来看，高学历女性生育意愿实现的难度明显更大，同样应该成为政策关注的对象。

综上所述，为了提高育儿补贴的有效性，生育政策的制定应该建立在对政策对象筛选的基础之上，针对不同人群采取不同的育儿补贴政策。比如采取阶梯式政策组合与调整，有的放矢地规定育儿补贴额度，从而满足社会各阶层需求，切实提高生育水平。

（三）女性就业——完善产假安排，助力企业职业培训与弹性工作制发展

推动性别平等和消除对女性的就业歧视也是实现共同富裕的关键之一。

社会和企业应尊重女性的生育权和职业追求，为她们提供公平的竞争环境和发展机会。这有助于提升整个社会的创新能力和经济活力，进而推动经济持续发展，为实现共同富裕提供必要支持。

"母职惩罚"是近年来生育研究领域备受关注的话题。中国作为一个女性劳动力参与率较高的国家，劳动力市场缺乏生育友好的制度环境，这从客观上加剧了母亲角色与职业角色之间的张力。正如上文所言，生育使得女性承担了种种间接成本，如职业发展中断、薪酬普遍降低、发展路径受限等。这种通过劳动力折损换得人口再生产的方式既不符合女性利益，也不利于社会的可持续发展（朱荟、陆杰华，2021）。以下将从三个方面加以分析。

第一，产假安排。截至 2022 年，我国多个省份修改了地方性计划生育条例，建立健全了生育假用人成本分担机制，实施策略包括：延长产假、增设陪产及护理假以及开展育儿假试点等（王春霞，2022）。延长产假的政策本意在于满足婴幼儿的照料需求，缓解女性就业与生育之间的矛盾，进而促进生育水平的提升。但该政策很可能从客观上增加了企业的用工成本，使女性的就业环境进一步恶化。

面对生育假政策，可能会出现以下两种情形：一是在招聘阶段，用人单位有意识地减少女性员工的招聘名额或者提高招聘条件；二是在合同履行阶段，企业对孕产期及哺乳期的女性实行调岗降薪甚至解雇（石人炳，2021）。而女性为了实现职业发展，可能与企业达成某种"共识"，比如通过自愿放弃休假抑或延迟生育等办法，在企业谋求一席之地。以上种种情形都与政策制定时的初衷相违背。面对以上问题，可能的解决办法有以下两个：其一，政府酌情分担企业的用工成本，通过生育补贴、税收减免等方式鼓励企业雇用女性，建立责任共担机制；其二，加强企业用人监管，必要时采取劳动仲裁等法律形式，切实保障女性权益，促进性别平等。

第二，职业培训。从客观上讲，生育必然会导致女性的工作时间减少，同时，孕产期职业生涯中断会使女性工作技能不升反降，与社会脱节。种种因素都会制约女性的职业发展，使其返回职场之后竞争乏力。从广义上讲，这些都属于生育间接成本的一部分，因此，加强对女性的职业教育与培训，是解决女性就业歧视的一种可行方案（邓翔等，2018）。

为了提升职业培训的实效性，对不同人群培训时应该有所侧重，因材施教。比如，对低学历人群可以强化职业技能培训，满足市场需要；对高学历且有需求人群可以给予创业支持，鼓励灵活就业；等等。

第三，弹性工作制。鼓励企业实施家庭友好型人力资源战略。比如，采取弹性工作制、远程办公、灵活工作时间等方式，为女性员工特别是生育二孩、三孩的女性提供职业与照料孩子的缓冲时间，确保女性"离岗不离工"，从而减轻因工作中断而产生的对女性职业发展的不利影响（张海峰，2018）。

（四）托育服务——发展"普惠托育服务体系"，满足儿童照料需求

本书描述性分析结果显示，3岁以下婴幼儿照料资源不足、养育负担太重是阻碍生育意愿实现的重要因素。尽管近些年来我国托育服务机构发展迅速，但仍不能满足3岁以下婴幼儿家庭对社会化托育服务的需求。目前，发展普惠性托育服务体系已经成为社会共识，构建政府－企业－社区－市场等多层次服务体系（杨菊华，2021），在生育政策包容体系构建的过程中具有重要意义。

首先，从政府的角度出发，应该优化政策理念，强化责任意识，重视普惠托育服务体系的社会价值。瑞典、德国、英国、日本等国家的政府相继出台了一系列举措，为家庭提供育儿支持（陈梅等，2021）。借鉴发达国家的发展经验，中国政府应从提供财政支持、完善管理机制、加强部门监管、鼓励多方参与等方面，为不同生育周期的家庭提供有针对性的生育支持方案（郭林、董玉莲，2021）。

其次，政府应鼓励有条件的企事业单位自办内部员工的福利性托育服务机构，支持育儿与职场相互平衡，力求推动企业与女性职工及家庭的合作共赢（宋健，2021）。需要强调的是，政府在政策推行过程中应尽可能不给企事业单位施压，力求从企事业单位自身的诉求出发，以奖代惩，否则可能会适得其反，导致女性的就业环境恶化。

再次，以社区为依托，充分利用现有的托育与照护资源。在发展社区托幼服务的过程中，可以借鉴国外有益经验，根据不同年龄阶段婴幼儿的成长规律与照护需求提供阶梯式服务。比如，1岁以下的婴儿相对脆弱，更适合家庭环境照料；1~2岁婴幼儿正面临母亲产假结束重返职场的关键期，此时社区照料或成替代性选择；2~3 岁幼儿有了基础的社交需求，与群体性的社区托幼特征更加契合（李雨霏等，2019）。

最后，规范市场化托育服务发展。目前，私立托育服务机构入托人数在我国婴幼儿入托人数中高居榜首（杨雪燕等，2019）。对此，政府应给予适当鼓励，同时完善管理。比如：加强托育机构的资质审核，完善市场准入机制；推动托育从业人员队伍建设，提升专业化服务水平；通过政策倾斜与政府购买服务等手段，强化政府责任；等等。

总之，为了推动共同富裕的实现，促进社会流动良性机制的构建，我们需要高度关注高学历女性在生育意愿和实际生育行为之间的差距，采取相应的政策措施来解决这一问题。从直接作用来看，支持性生育政策的构建可能解决高学历女性"想生却不敢生"的问题。通过针对性生育政策的制定与落实，削弱各种生育阻碍因素对生育意愿实现的影响，能够在一定程度上提升高学历女性的生育水平。从间接作用来看，支持性生育政策的构建可能还会在一定程度上改变"不想生"的问题，或从生育意愿的源头提升高学历女性理想生育子女数。

第八章 高学历女性生育困境问题延伸性讨论

第一节 生育意愿与生育行为的未来发展趋势研判

对于生育意愿与生育行为的未来发展趋势，学术界尚无统一的认知。生育意愿大于生育行为现象越发普遍，传统的生育理论对此并无权威解释。目前，学术界针对未来生育意愿与生育行为走向的分析，大体可分为两个层次，即微观层次与宏观层次。其中，微观层次主要是从个人及家庭视角出发，研究生育意愿与实际生育行为之间的偏差，这也是本书的研究视角。而宏观层次更关注群体的表现，将重点放在解释生育意愿及其实现的总体特征上。下面将从这两个层次对生育意愿与生育行为的发展趋势进行研判。

一 微观层次

国内外的许多研究结果显示，在生育率普遍偏低的国家，人们的终生生育率往往低于生育意愿，即相当大比例的人群理想或打算生育二孩，却并没有付诸行动。学者们将这种生育意愿与生育行为之间的差距定义为"生育赤字"。在部分研究之中，也被解释成"未满足的生育"（吴帆，2020；宋健、阿里米热·阿里木，2021）。

为了消除生育意愿与生育行为之间的阻碍，将"生育赤字"转化为生育率，支持性生育政策纷纷启用，包括但不限于育儿假、经济补贴、税收优惠、婴幼儿的正式照料、弹性工作制等方式。但是，由于不同国家的政策内容、施策方式以及执行力度并不相同，关于支持性生育政策的作用，比如生育政策的效果究竟好不好，是否影响生育水平，影响程度如何，学术界对此并未达成普遍共识（吴帆，2020）。

再看国内，目前，中国的生育政策放宽时间并不长，虽然陆续提出过"生育友好型社会""生育配套""包容性生育政策"等概念，但仍处于支持性生育政策的初步开拓阶段，政策的实施还需一定时间探索。从国外相对成熟的政策实施效果来看，有正向和负向两种可能。在判断生育意愿与生育行为的微观发展趋势时，有一点值得注意，即无论是个体的生育意愿还是生育行为，二者均为变量。为了将生育意愿与生育行为的动态变化过程描述得更加精准明白，以下主要从两个角度加以分析。

（一）可能的正向结果：个人生育意愿提高，实际生育数量增加

自 20 世纪 70 年代欧洲国家普遍进入低生育率社会以来，各个国家纷纷采取了一系列社会政策，以达到提升生育水平的目的。欧洲各国陷入极低生育率的前车之鉴与用支持性生育政策刺激生育率的成功经验，非常值得我国参考。归纳各国政策类别可知，最常见的支持性生育政策主要有两种，一是"去家庭化"[①]生育支持政策，二是"家庭化"生育支持政策。

第一，"去家庭化"生育支持政策。以瑞典为代表的北欧社会民主主义福利体制，最大限度减少了母亲对家庭的依赖，为两性提供了独立于家庭生活之外的育儿资源。举例而言，一方面，瑞典的儿童托育及课后照顾服务相对完善，绝大多数适龄儿童都享有公立托育服务机构的全天候服务。与此同时，针对 6~12 岁的儿童还提供课后照顾服务，费用根据家庭收入及子女数量适时调整。另一方面，瑞典育儿假的男性配额制度具有突出的代表性，该政策通过父亲分担育儿责任的形式，鼓励女性重回就业市场（房莉杰、陈慧玲，2021）。从结果来看，瑞典的"去家庭化"生育支持政策取得了很好的效果。2013 年瑞典总和生育率维持在 1.9 左右，同时，母亲就业率高达 83.1%，远高于同期 OECD 国家（66.8%）（马春华，2016）。

第二，"家庭化"生育支持政策。"家庭化"的生育支持政策主要应用于具有欧洲传统性别分工倾向的国家，具体表现为现金补贴和延长育儿假

---

① "去家庭化"是由学者 Lister（1994）提出的，主要指的是成年人可以独立于家庭，通过社会福利保障体系以及市场化工作实现生存。反之，"家庭化"指的是个体依赖家庭获得社会保障及经济支持。

两种形式。比如，德国十分注重现金补贴，以减轻家庭成员尤其是母亲育儿的经济压力，主要方式为福利补贴与税收减免。同时，对于单身父母给予特殊补助，每个孩子可以获得至少 1308 欧元的额外免税额（房莉杰、陈慧玲，2021）。法国的育儿假制度非常灵活，父母可以选择时间长、津贴低的育儿假，也可选择时间短、津贴高的育儿假，母亲带薪产假最长达到6 个月以上，同时在整个休假期间女性可获得收入的等额补偿（刘中一，2021）。

我国陆续进行了诸多生育政策尝试。以延长产假制度为例，截至 2022年 1 月 28 日，我国已有 25 个省（区、市）先后修订了《人口与计划生育条例》，将原本 98 天的女职工生育假延长至 128~188 天（王春霞，2022）。其中多个省份对二孩及三孩生育女性还给予额外的生育假奖励；部分城市（包括但不限于湖北省仙桃市、宜昌市，新疆石河子市）开始尝试对遵照政策生育（主要是生育二孩）的家庭给予数额不等的生育费用报销，并提供现金补助支持（杨雪燕等，2019）。支持性生育政策的逐步完善落实，可能对生育行为起到正向激励作用。

（二）可能的负向结果：个人生育意愿降低，实际生育数量降低

支持性生育政策并不总是奏效的，有的时候甚至起反作用。

首先，从政策实施的强度来看。以日本、韩国、新加坡为例，虽然这些国家在早期便推出了育儿福利及生育津贴，但在政策执行的初期，额度并不高。这就导致生育支持的经济刺激远远不足，对生育率的提升效果并不明显（Chen et al.，2020）。与此同时，越是发达国家，经济激励的成本越高，刺激生育所需的物质投入也越多。在国家经济增速放缓时期政策难以为继，甚至还会带来极大的财政负担，可持续性较差（张翼，2021）。

其次，从政策组合的效果来看。一项基于欧洲 15 个国家的生育调查结果显示，托幼服务的育儿政策对欧洲生育水平产生了显著的正向影响，而单纯现金补贴的效果则远未达预期（朱荟、陆杰华，2021）。有研究表明，陪产假、育儿假、日托服务与现金补贴一揽子措施组合，其效果强于单一的生育举措（陈梅等，2021）。这可能与生育政策受益对象难以覆盖全体有关。

最后，从政策执行的持续时间来看。抑制性生育政策的作用往往更加持久,"后劲"明显更大。换言之,生育观念一旦形成便具有延续性,人口惯性难以在短时间之内逆转。比如,在2013年澳大利亚的"育儿奖励"政策取消之后,政府的替代性生育政策相继失效,总和生育率呈不断下降趋势(张广宇、顾宝昌,2018);亚洲国家如日本、韩国、新加坡,推行了长期的抑制性生育政策之后转为支持性生育政策,但实施效果并不理想(计迎春、郑真真,2018);等等。

从国外的生育支持政策效果看,受政策设计、执行力度、可持续程度等因素的影响,生育率的提升并不总是乐观的。同时,在长期抑制性生育政策(在我国表现为计划生育政策)的延续性影响下,生育意愿与实际生育数量还有进一步降低的可能。

二　宏观层次

不同于微观层次,生育意愿与生育行为的宏观发展趋势,主要呈现两个方面的特征。一是宏观层次立足于群体,更多受到调查对象年龄结构与生育进度效应的影响(石人炳等,2020)。二是宏观层次的结果会受到微观层次影响。比如从微观层次来看,个体的生育意愿与生育行为发生了明显的偏离,但若将其放到群体之中,可能存在相互抵消现象,即未能满足的生育意愿与超过意愿生育的人数相抵。这会导致总体的生育意愿与生育行为之间保持平衡,因此呈现与微观层次截然不同的结果。

从宏观发展趋势来看,对于生育意愿与生育行为发展的走向,大致有两种不同的论断,分别为暂时偏离论与永久偏离论。

(一)暂时偏离论

支持暂时偏离论的学者认为,生育意愿与生育行为之间的偏离关系只是一个短暂现象。个人初婚初育年龄推迟导致的宏观生育意愿与生育行为的偏离,会随着婚姻时间回归正常而逐渐消失。与此同时,生育政策在其中也发挥重要作用。随着生育福利政策与规范的陆续出台,生育水平可能随之提升,从而更可能与生育意愿保持一致。持这种观点的人一般认为,生育意愿的降低不会长久持续,只要人们有实现理想生育意愿的想法,则生育水平很可能发生反弹,因此过多担忧低生育水平下的人口负增长并无必要(Bongaarts,2001,2002;Goldstein et al.,2003)。

（二）永久偏离论

持永久偏离论的学者认为，生育意愿与生育水平之间的关系难以逆转，或发生永久性偏离。目前一些研究表明，国外的生育意愿与生育行为之间的偏离存在某种"文化时滞"。具体而言，在低生育大环境下成长的下一代，生育意愿与生育行为难免受到影响。但主流的文化往往要求人们必须生育，而且最好生育两个孩子以上，这时候实际的生育行为与生活环境中不利于生育的因素发生了一定碰撞，生育意愿与生育行为之间便存在"时滞效应"。这使人们的生育意愿更可能适应现状，与当代大多数人的实际生育行为保持一致（Goldstein et al.，2003）。坚持"时滞效应"观点的学者认为，生育意愿有进一步降低的可能性，使生育意愿与生育行为之间步调一致。从宏观意义上来说，生育意愿的变化并不一定先于生育行为，也可能相辅相成，或紧随其后（Lee，1980；Morgan，1981，1982；Westoff & Ryder，1977）。

将永久偏离论进一步延伸，还有一种延续偏离论的观念。延续偏离论明显更为激进，认为生育意愿与生育行为之间的偏离关系不仅会持续，两者的差距还会继续拉大。生育意愿的发展变化有其必然趋势，随着生育养育负担的加重，个人主义与消费主义思潮的进一步深入，人们的理想生育意愿还有继续降低的可能。从某种意义上说，当代低生育的行为模式反映了人们的理性选择。因此，从长远的角度来看，无论是生育水平还是生育意愿，都可能低于现有水平，而且保持长期低迷的趋势（Demeny，2003；Thomson & Brandreth，1995）。

除了上述两种发展趋势，不少学者还对我国生育意愿与生育行为的偏离表示担忧。从不同国家的人口形势看，生育意愿与生育行为之间的偏离可能带来不同的社会后果。例如，在高生育率国家中，生育意愿与生育行为的偏离会使生育率进一步升高；反之，在低生育率国家中，二者相互偏离会使生育率进一步降低。如果人群的生育意愿与生育行为都偏高或者偏低，即处于同样偏离方向时，人口会出现快速增长或快速降低趋势，这两种情况都会对社会经济发展构成威胁。

我国除以上两种情况之外，还需要考虑生育意愿与生育行为是否有反弹的可能。换言之，中国不仅面临发达国家的人口问题，也面临发展中国家的人口问题（杨菊华，2008）。

基于本书的实证研究结果，笔者更倾向于支持暂时偏离论的观点：虽然生育意愿在向实际生育行为转化的过程中不可避免会发生"损耗"，但正如前文描述性研究结果显示的那样，仍有很大比例的女性群体倾向于按政策生育。如今"三孩"政策在全国范围内铺开，也为进一步放开生育打开了新的出口。在女性受教育程度逐渐提升、婚姻匹配模式越发现代化、生育配套服务逐步完善的时代，我们对未来的生育趋势应持乐观态度。

第二节 生育的"现代性"问题

人口是影响国家兴衰的一个重要因素，关于生育问题的讨论不应仅局限于技术层面，更应该从人口再生产的价值理念以及社会背景层面进行分析。自新中国成立尤其是改革开放以来，我国社会经历了前所未有的巨大变迁，从社会发展阶段来看，我国正处于社会主义初级阶段，同时也是世界上最大的发展中国家。一方面，中国的现代化尚未完成；另一方面，却过早地经历了"现代性"带来的一系列问题。"现代性"是当代中国社会变迁的一个重要特征，作为一场强大而持续的精神变革，从某种意义上来说，已经重塑了中国人口的生活方式与价值观念。

作为启蒙运动和现代化所形成的一种模式和社会运行机理，"现代性"谋求的是与过去决裂，并把这种决裂作为构建现代生活的重要特征与起点。在现代社会之中，人的心理、价值取向以及精神内核发生了根本性的变化，主体性、个性化、自由意志等成为现代人生存方式的精神表现和本质特征。随着中国社会现代化水平的不断提升，中国社会的"现代性"问题也不断凸显（杨成钢、杨紫帆，2021；吴忠观、刘家强，2003）。

从生育的角度来看，现代人的"生存焦虑"极大降低了女性的生育意愿。同时，高昂的生育养育成本也使人望而生畏，个人"享乐主义"的盛行使人们更重视自身的幸福，摒弃了传统的"养儿防老""传宗接代"思想，而愈加现代的婚姻家庭观念也不利于人口再生产的推进（孙百亮，2019）。

本书主要探讨的是生育意愿及其实现的问题。作为研究的前提，首先要把生育意愿与生育行为之间的不一致视为一种"问题"。既然存在问题，就有纠正的必要性。但从生育的"现代性"角度考虑，生育意愿的层层递减不失为一种必然。而低生育率的现象并非中国独有，全球范围内的低生育率趋势已经势不可当。正如延续偏离论所言，从某种意义上说，当代低生育的行为模式反映了人们的理性选择。

　　鉴于此，生育意愿与生育行为之间的偏离是否有纠正的必要？或者，是否有纠正的可能性？在何种程度上纠正？又以何种方式纠正？对以上种种问题的回答，对于生育意愿及其实现的讨论具有启发意义。从本书的实证研究结果来看，生育意愿在转化过程中的"折损"虽然存在，但仍有相当大比例的女性群体理想与打算生育意愿保持一致，在"三孩"政策全面放开的当下，不应过早对生育前景持悲观态度。

第三节　本书创新性与局限性

一　本书的创新性

本书研究的创新性主要表现在以下两个方面。

　　第一，从理论拓展层面来看。一方面，本书关注的核心自变量为女性受教育程度，主要基于邦戈茨的低生育率理论构建模型。从内容上看，该理论关注的是影响生育意愿的六种因素，但在原始的理论阐述部分，邦戈茨并未将其与其他变量结合。本书根据研究主题需要，试图将女性受教育程度与各组变量进行融合，以期在本土化研究的基础之上，对邦戈茨的低生育率理论做进一步拓展。另一方面，除女性受教育程度外，文中还纳入了婚姻匹配变量，期望通过夫妻视角的纳入，对女性生育意愿的研究外延进行拓展。具体而言，女性由生育意愿到生育行为的转化过程，不仅由女性个人所决定，还受女性的独立自主性、是否拥有足够的养育条件以及丈夫的因素等方面的影响，已有的研究大多只关注女性单方面，而很少从家庭的角度考察生育意愿。书中同时纳入了贝克尔的新家庭经济学理论和奥本海默的婚姻职业进入理论，在理论的指导之下，进行生育意愿及其实现的本土化验证。

　　第二，从实践价值层面来看。本书聚焦于生育意愿及其实现的过程，认为在生育水平处于低迷的现实情境之下，人口结构变化及其所推动的社会变迁，将影响我国今后的生育水平走向。生育意愿从诞生到落地成为现实，往往存在一定"损耗"。从步骤来看，通常有四个可测量维度，即理想子女数、打算生育数、生育计划以及生育行为落到实处。本书以生育意愿为切入点，除了关注生育意愿本身，还重点分析了生育意愿向生育行为转化过程中的区别与偏差。通过细分年龄队列，系统分析了生育意愿偏离的具体过程及实际变化。从宏观角度来讲，可为未来的生育水平趋势研判以及生育政策配套措施的设计与完善提供必要的实证支持。

二 研究的局限与反思

本书从育龄期女性的生育意愿及其实现出发，将研究的重点放在女性受教育程度在生育意愿落实过程中所发挥的作用上，同时纳入三组婚姻匹配变量，进一步分析生育意愿执行的影响因素和机制。然而，由于调查资料有限，本书的研究过程和结论存在一定的局限，以下主要从四个方面进行归纳。

第一，调查数据存在一定局限。一方面，生育意愿是一个动态变化的过程，在个人与家庭、个人与社会的互动中逐渐形成。对于女性而言，随着个体生命历程的变迁与所处情境的变化，比如从已婚未育到初育、从生育一孩到二孩，生育意愿可能发生较大改变，有时甚至是颠覆性的。从数据选取的角度来看，本书所使用的 2017 年全国生育状况抽样调查数据虽具有较好的全国代表性，但依旧缺乏纵向追踪部分，由于数据资料有限，本书无法从生命历程的视角探究个人生育意愿的变迁。另一方面，由于生育政策放开的时间尚短，本书所使用数据的调查时间距离"全面二孩"政策的执行只有一年多，而女性的生育意愿变化以及生育意愿向生育行为转化的过程需要较长时间，因此本书的研究结果尚有变动的可能。这也为后来的研究提供思路，期待今后可以有更多生育追踪调查数据，推动生育意愿研究的进一步深化。

第二，生育政策的影响无法完全规避。在我国，生育政策的影响是刚性的，因此，无论是研究生育意愿，还是关注生育行为，只要是和生育问题相关的研究议题，或多或少都会受到国家政策的影响。虽然本书通过筛选年龄队列、限制独生属性与规定生育状况等技术性手段进行了适当规避，但仍无法完全排除生育政策对人们心理方面潜移默化的影响。不过，目前"三孩"政策的实施，已经可以在相当程度上满足人们的生育数量需求。随着支持性生育政策进一步完善，生育意愿更能反映自主、自发、自然状态下的社会现实，这会使未来生育意愿的研究更加接近真实水平。

第三，由于数据的限制，无法纳入丈夫的生育意愿。本书除了探讨女性受教育程度对生育意愿及其实现的影响，还引入了夫妻视角，将婚姻匹配作为中介变量加以考察。作为生育过程的主要承担者，女性生育意愿在很大程度上代表了家庭的生育意愿，但丈夫的生育意愿也有重要意义。由于本书所使用的 2017 年全国生育状况抽样调查数据，其调查对象均为女性，因此无法将丈夫的生育意愿纳入研究视野。期待后续的生育调查可以补充丈夫的详细数据，这一缺陷就可以在相当程度上得到弥补。

第四，仅从定量的角度进行分析，欠缺质性结果的补充。无论是女性受教育程度还是婚姻匹配问题，都是复杂的研究领域，因此，单单只用定量分析方法必然存在相当多的局限。比如，个人的受教育水平并非与自身素养直接挂钩，而婚姻匹配也不只是硬性指标的简单配对。与实证研究相比，通过田野调查、口述史等定性研究方法，可以获得更多鲜活的个案资料。

生育意愿作为一个系统性的研究课题，往往是社会、家庭以及个体需求的综合体现。本书仅从定量的角度出发探讨女性受教育程度与生育意愿及其实现的关联，这还远远不够。今后可用质性研究方法对书中结论进行补充，以求用更完备的方式进行更深入的探讨。

附　录　2017 年全国生育状况抽样调查个人问卷

现居住地址＿＿＿＿＿＿＿＿＿＿省（区、市）＿＿＿＿＿＿市（地、州）＿＿＿＿＿＿＿＿＿县（市、区）＿＿＿＿＿＿＿乡（镇、街道）＿＿＿＿＿＿＿村（居）委会			
样本点编码			☐☐☐☐☐
城乡属性	1 居委会　　2 村委会		☐
是否学校	1 是　　　2 否		☐
调查对象类型	1 户籍人口　　2 流入人口		☐
调查开始时间＿＿＿＿＿＿	调查完成时间＿＿＿＿＿＿		
调查员姓名＿＿＿＿＿	调查员电话＿＿＿＿＿＿		

一　个人信息

101 您的出生年月：|＿|＿|＿|＿| 年 |＿|＿| 月（请按公历填写）

102 您目前的婚姻状况 / 同居状况　　　　　　　　☐

　　1 未婚（跳至 104 题）　　2 初婚　　3 再婚　　4 离婚

　　5 丧偶　　6 未婚同居　　7 离婚同居　　8 丧偶同居

103 您初婚 /（未婚同居者的）同居年月：|＿|＿|＿|＿| 年 |＿|＿| 月

104 您的民族　　　　　　　　　　　　　☐

　　1 汉族　　2 蒙古族　　3 回族　　4 藏族　　5 维吾尔族

　　6 苗族　　7 彝族　　8 壮族　　9 布依族　　10 朝鲜族

11 满族	12 侗族	13 瑶族	14 白族	15 土家族
16 哈尼族	17 哈萨克族	18 傣族	19 黎族	20 傈僳族
21 佤族	22 畲族	23 高山族	24 拉祜族	25 水族
26 东乡族	27 纳西族	28 景颇族	29 柯尔克孜族	
30 土族	31 达斡尔族	32 仫佬族	33 羌族	34 布朗族
35 撒拉族	36 毛南族	37 仡佬族	38 锡伯族	39 阿昌族
40 普米族	41 塔吉克族	42 怒族	43 乌孜别克族	
44 俄罗斯族	45 鄂温克族	46 德昂族	47 保安族	48 裕固族
49 京族	50 塔塔尔族	51 独龙族	52 鄂伦春族	
53 赫哲族	54 门巴族	55 珞巴族	56 基诺族	
57 其他未识别的民族		58 外籍		

105 您的受教育程度　　　　　　　　　　　　□

　　1 未上过学　　　2 小学　　　3 初中　　　4 高中 / 中专

　　5 大学专科　　　6 大学本科　　7 研究生

106 您的户口性质　　　　　　　　　　　　□

　　1 农业　　　　　　　　2 非农业

　　3 现统一登记为居民，之前为农业

　　4 现统一登记为居民，之前为非农业

　　5 其他

系统自动筛选后，户籍人口跳至 110 题，流动人口继续回答 107 题。

107 您的户籍所在地　　　　　　　　　　　□

　　1 本市（地、州）其他县（市、区）　　2 本省其他市（地、州）

　　3 外省（区、市）　　　　　　　　　4 户籍地待定（跳至 108 题）

107A 您户籍所在的县（市、区）_____

108 您第一次离开户籍所在县（市、区）的年月：|＿＿|＿＿|＿＿|＿＿| 年 |＿＿| 月

109 您本次来到现住的县（市、区）的年月：|＿＿|＿＿|＿＿|＿＿| 年 |＿＿| 月

　　[只有一次离开户籍所在县（市、区）的，108 题和 109 题时间填写一致]

110 您有几个兄弟姐妹？（包括已经去世的、送养的，不包括收养的）

|___| 兄弟 |___| 姐妹

111 您目前的健康状况 ☐

    1 健康   2 基本健康

    3 不健康，但生活能自理   4 生活不能自理

112 您现在的主要就业状况 ☐

    1 务农

    2 非农就业

    3 在学

    4 料理家务

    5 退休   （跳至 201A 题）

    6 其他

113 您现在的主要职业 ☐

    1 国家机关、党群组织、企事业单位负责人

    2 专业技术人员

    3 办事人员和有关人员

    4 商业、服务业人员

    5 农林牧渔水利业生产人员

    6 生产、运输设备操作人员及有关人员

    7 不便分类的其他人员

114 您现在就业单位的性质 ☐

    1 党政机关 / 人民团体   2 国有事业单位

    3 国有企业   4 集体企业

    5 外资 / 合资企业   6 私营企业

    7 个体工商户   8 社会组织

    9 基层自治组织   10 无单位

115 2016 年全年，您个人收入为 |___|___|___|___|___|___|___| 元

二 生育行为

201 A 您是否生过孩子? ☐

    1 是   2 否（跳至 202A 题）

201B 截至 2017 年 7 月 1 日零时，您一共生过几个孩子？（不含现孕）
|＿|＿| 人

其中，|＿|＿| 男孩，|＿|＿| 女孩

答完此题后跳至 202B 题。

202 A 您是否怀过孕？（含现孕）　　　　　　　　□

　　1 是　　　　　　2 否（跳至 204 题）

202 B 截至 2017 年 7 月 1 日零时，您一共怀孕过几次？（包括所有怀孕次数，含现孕）|＿|＿| 次

203 请说说您每一次怀孕的具体情况：

（按照怀孕先后顺序填写，双胞胎或多胞胎按胎次填写，每个孩子填写一列）

怀孕情况	第一次	第二次	第三次	第四次	第五次
A 怀孕结束年月 （如果最后一次是现孕，可以直接写预产期）	□□□□年 □□月	□□□□年 □□月	□□□□年 □□月	□□□□年 □□月	□□□□年 □□月
B 本次怀孕是计划想要的吗？ 1 是 2 否 （现孕者答完此题跳至 204 题）	□	□	□	□	□
C 怀孕结果 1 活产男婴 2 活产女婴 3 死产／死胎 4 自然流产 5 人工流产 6 其他（跳至下一次怀孕情况）	□	□	□	□	□
D 子女分娩方式 1 自然分娩 2 辅助分娩 3 剖宫产	□	□	□	□	□
E 子女目前状况 1 与父母双方在一起 2 与父亲在一起 3 与母亲在一起 4 不与父母任何一方在一起（跳至下一次怀孕情况）5 去世	□	□	□	□	□
F 子女去世年月	□□□□年 □□月	□□□□年 □□月	□□□□年 □□月	□□□□年 □□月	□□□□年 □□月

跳至下一次怀孕情况，如无下一次怀孕，续问 204 题

204 您现有几个孩子？（包括收养的，不包括送养及下落不明的，不含现孕）|＿|＿| 人

其中，|＿|＿| 男孩，|＿|＿| 女孩（由调查员核查并由调查对象确认）

15 ~ 49 岁（1967 年 7 月至 2002 年 6 月出生）有过怀孕史（不含现孕）的人继续回答 205 题，15~49 岁无怀孕史的人跳至 209 题，15 ~ 49 岁现孕的人、50 岁及以上的人跳至第三部分。

205 您最近一次分娩 / 流产之后的避孕情况　　　　　　　　□

　　1 安全期（跳至 208 题）　　　　2 体外射精（跳至 208 题）

　　3 使用避孕方法　　　　　　　　4 未避孕（跳至 208 题）

　　5 绝经 / 闭经（跳至第三部分）　6 子宫切除（跳至第三部分）

206 您使用何种避孕方法？　　　　　　　　　　　　　　　□

　　1 男性绝育　　2 女性绝育　　3 宫内节育器　　4 皮下埋植

　　5 避孕针　　　6 口服避孕药　　7 外用避孕药　　8 避孕套

　　9 其他方法

207 此种避孕方法是分娩 / 流产之后 |＿|＿| 个月开始使用的

　　（记不清楚的请填"99"）

208 您后来的避孕情况是否发生变化？　　　　　　　　　　□

　　1 是

　　2 否（205 题回答为安全期、体外射精或未避孕跳至第三部分，使用避孕方法的跳至 210 题）

209 您目前使用何种避孕方法　　　　　　　　　　　　　　□

　　1 男性绝育　　2 女性绝育　　3 宫内节育器　　4 皮下埋植

　　5 避孕针　　　6 口服避孕药　　7 外用避孕药　　8 避孕套

　　9 其他方法　　10 安全期（跳至第三部分）

　　11 体外射精（跳至第三部分）　　12 绝经 / 闭经（跳至第三部分）

　　13 子宫切除（跳至第三部分）　　14 未避孕（跳至第三部分）

210 您目前使用的避孕方法是否免费获得？　　　　　　　　□

　　1 是　　　　　　　　2 否

　　（使用男 / 女性绝育、宫内节育器、皮下埋植、避孕针的，继续回答 211 题）

（其他跳至 212 题）

211 您目前使用的避孕方法是在哪类机构获取的？　☐

　　1 综合医院　　　　2 妇幼保健机构　　　3 计划生育服务机构

　　4 妇幼保健计划生育服务机构　　　　　5 私营服务机构　　　6 其他

212 您目前的避孕方法开始使用的年月：|__|__|__|__| 年 |__|__| 月

　　（记不清，请填写"9999 年 99 月"）

三　生育养育服务

　301 您是否有不满 1 周岁的孩子？（2016 年 7 月 1 日以来出生的现存孩子）　☐

　　1 有　　　　　2 没有（跳至 307 题）

　　（有 2 个及以上不满 1 周岁孩子的，302~306 题填写最小孩子情况）

302 有单位的非农就业人员：

A1 您生育这个孩子时实际休的产假天数：__|__|__| 天（包括已经休的及未休完的）

A2 产假期间您的工资待遇（包括生育津贴）与生育这个孩子之前的工资待遇相比有什么变化？　☐

　　1 是之前的 30% 以下　　2 是之前的 30%~50%

　　3 是之前的 50%~80%　　4 是之前的 80%~100%

　　5 与之前持平　　　6 其他

A3 您的工作岗位是否因为生育这个孩子而调整？　☐

　　1 已经调整　　　　　　2 可能调整

　　3 没有调整 / 不会调整（跳至 303 题）

　　4 说不清（跳至 303 题）

A4 这种岗位调整对您的职业发展有什么影响？　☐

　　1 有很大的负面影响　　2 有较大的负面影响　　3 基本没有影响

　　4 有较大的正面作用　　5 有很大的正面作用

没有单位的非农就业人员、务农、在学、料理家务、退休人员：

B 您（打算）在这个孩子出生 |__|__|__|__| 天后就业 / 就学？（没打算的填"9999"）

303 您在怀这个孩子的孕前或孕期，是否免费领取过叶酸？　□

　　1 免费领取过叶酸

　　2 知道这项政策，没有免费领取过叶酸

　　3 不知道这项政策

304 您在准备怀这个孩子期间，接受免费孕前优生检查服务的情况如何？　□

　　1 接受过免费孕前优生检查服务

　　2 符合免费孕前优生检查服务政策，但是没接受过

　　3 不符合免费孕前优生检查服务政策

　　4 不知道这项政策

305 生这个孩子的分娩费用共 |＿＿|＿＿|＿＿|＿＿|＿＿| 元，其中，您家支付了 |＿＿|＿＿||＿＿| 元

（分娩费用包括产科住院费、检查治疗费、医药费等，不包括部分孩子在儿科产生的费用，也不包括交通费、陪护人员的食宿费、产妇餐费等间接医疗费用。您家支付的金额是指扣除孕产妇住院分娩补助、报销以外的费用。）

306 您生这个孩子的费用使用了以下哪种社会医疗保险报销？　□

　　1 新型农村合作医疗保险　　　2 城镇居民医疗保险

　　3 城乡居民医疗保险　　　　　4 城镇职工医疗保险

　　5 生育保险　　　　　　　　　6 公费医疗

　　7 未使用以上任何保险报销

307 您是否有不满 6 周岁的孩子？（2011 年 7 月 1 日以来出生的现存孩子）　□

　　1 有　　　　　　2 没有（跳至 401 题前阴影部分）

　　（有 2 个及以上不满 6 周岁孩子的，308~313 题填写最小孩子情况）

308 您的孩子是否已经入托儿所 / 幼儿园？　□

　　1 是，全天入托儿所

　　2 是，半天入托儿所

　　3 是，全天入幼儿园 　　　　}（跳至 310 题）

　　4 是，半天入幼儿园

　　5 否

6 不了解具体情况（指孩子不在身边抚养、下落不明等情况，跳至 401 题前部分）

309 没有入托儿所 / 幼儿园最主要的原因是什么？ □

    1 有人看护   2 孩子年龄太小

    3 托儿所 / 幼儿园费用太高   4 托儿所 / 幼儿园距离太远

    5 附近托儿所 / 幼儿园条件不好

    6 附近托儿所 / 幼儿园满员，不能接收

    7 孩子健康原因

    8 其他（请注明）

    答完此题跳至 312 题。

310 最近 3 个月平均每月入托儿所 / 幼儿园的费用是多少元？ |__|__||__|__| 元

311 您孩子所在的托儿所 / 幼儿园的性质 □

    1 公立   2 私立

312 您能接受的平均每月入托儿所 / 幼儿园费用是多少元？ |__|__|__||__| 元

    孩子全天入托儿所、全天入幼儿园的（308 题 =1 或者 3），答完此题跳至 401 题前部分。

313 最近 3 个月的工作日期间 □

    孩子半天入托儿所 / 幼儿园：孩子白天离开托儿所 / 幼儿园后主要由谁看护？

    孩子未入托儿所 / 幼儿园：孩子白天主要由谁看护？

    1 母亲   2 父亲   3 祖父母   4 外祖父母

    5 保姆   6 其他亲属   7 其他（请注明）

四 生育意愿

15~49 岁（1967 年 7 月至 2002 年 6 月出生）未婚、初婚、再婚、同居调查对象继续回答下题，其他人跳至 501 题前部分。

401 您认为一个家庭有几个孩子最理想？ |__|__| 个。其中，|__|__| 男孩，|__|__| 女孩

（认为不要孩子最理想的填 0，无所谓要几个填 88，至少有一个填 66，不能空填）

402 您打算生几个孩子？ |__|__| 个。其中，|__|__| 男孩，|__|__| 女孩

（不打算生孩子填 0，无所谓生几个填 88，至少生一个填 66，不能空填）

未婚者，答完 402 题跳至 512 题。不打算生孩子的，答完 402 题跳至 405 题。

现孕的，跳至 404 题。

403 您打算什么时候（再）生育？　　　　　　　　　　　　　□

　　1 2018 年　　2 2019 年　　3 2020 年　　4 2020 年以后

　　5 没想好（跳至 501 题）　　6 不打算（再）生育（跳至 405 题）

404 全面两孩政策对您（再）生育孩子的打算有影响吗？　　　□

　　1 有很大影响，全面两孩政策前不想生

　　2 有一定影响，全面两孩政策前犹豫是否再生育

　　3 没有影响，全面两孩政策前就想生

　　答完此题跳至 501 题。

405 您不打算（再）生育的主要原因是什么？　　　　　□□□

　　（请填写选项序号，最多选 3 项，先填最主要的）

　　1 经济负担重　2 没人带孩子　3 影响个人事业发展　4 年龄太大

　　5 丈夫不想生　6 夫妻身体原因　7 养育孩子太费心

　　8 自己还没想好

　　9 现有子女不愿意（未生育者不能选择此项）

　　10 其他（请注明）

五　家庭信息

未婚、离异、丧偶的跳至 512 题。

501 您配偶 / 同居对象目前的婚姻状况 / 同居状况　　　　　□

　　1 初婚　2 再婚　3 未婚同居　4 离婚同居　5 丧偶同居

502 您配偶 / 同居对象的出生年月：|__|__||__|__| 年 |__|__| 月

503 您配偶 / 同居对象的民族　　　　　　　　　　　　　　□

1 汉族	2 蒙古族	3 回族	4 藏族
5 维吾尔族	6 苗族	7 彝族	8 壮族
9 布依族	10 朝鲜族	11 满族	12 侗族
13 瑶族	14 白族	15 土家族	16 哈尼族
17 哈萨克族	18 傣族	19 黎族	20 傈僳族
21 佤族	22 畲族	23 高山族	24 拉祜族
25 水族	26 东乡族	27 纳西族	28 景颇族
29 柯尔克孜族	30 土族	31 达斡尔族	32 仫佬族
33 羌族	34 布朗族	35 撒拉族	36 毛南族
37 仡佬族	38 锡伯族	39 阿昌族	40 普米族
41 塔吉克族	42 怒族	43 乌孜别克族	
44 俄罗斯族	45 鄂温克族	46 德昂族	47 保安族
48 裕固族	49 京族	50 塔塔尔族	51 独龙族
52 鄂伦春族	53 赫哲族	54 门巴族	55 珞巴族
56 基诺族	57 其他未识别的民族		58 外籍

504 您配偶 / 同居对象的受教育程度　□

　　1 未上过学　　2 小学　　　3 初中　　　4 高中 / 中专

　　5 大学专科　　6 大学本科　　7 研究生

505 您配偶 / 同居对象的户口性质　□

　　1 农业

　　2 非农业

　　3 现统一登记为居民，之前为农业

　　4 现统一登记为居民，之前为非农业

　　5 其他

506 您配偶 / 同居对象有几个兄弟姐妹？（包括已经去世的、送养的，不包括收养的）

　　|__| 兄弟 |__| 姐妹

507 您配偶 / 同居对象目前的健康状况　□

　　1 健康

2 基本健康

3 不健康，但生活能自理

4 生活不能自理

508 您配偶 / 同居对象现在的主要就业状况 ☐

1 务农

2 非农就业

3 在学

4 料理家务

5 退休 （跳至 512 题）

6 其他

509 您配偶 / 同居对象现在的主要职业 ☐

　1 国家机关、党群组织、企事业单位负责人

　2 专业技术人员

　3 办事人员和有关人员

　4 商业、服务业人员

　5 农林牧渔水利业生产人员

　6 生产、运输设备操作人员及有关人员

　7 不便分类的其他人员

510 您配偶 / 同居对象现在就业的单位性质 ☐☐

　1 党政机关 / 人民团体　　2 国有事业单位

　3 国有企业　　　　　　　4 集体企业

　5 外资 / 合资企业　　　　6 私营企业

　7 个体工商户　　　　　　8 社会组织

　9 基层自治组织　　　　　10 无单位

511 2016 年全年，您配偶 / 同居对象个人收入 |__|__|__|__|__|__|__| 元

512 您现在住房的性质 ☐

1 租赁廉租房　　　2 租赁其他住房　　　3 自建住房

4 购买的商品房　　　5 购买的经济适用房　　　6 购买的原公有住房

7 学生宿舍（调查结束）8 其他

513 您现在住房的建筑面积：|__|__|__|__| 平方米

514 2016 年全年，您家总收入：|＿|＿|＿|＿|＿|＿|＿| 元

（包括家庭成员的工资收入、生产经营纯收入、财产收入和转移收

入等）

调查员需要说明的特殊情况：

_____

_____

_____

_____

_____

访问结束，谢谢您的合作！

请留以下信息，我们保证对您的个人信息保密：

调查对象姓名_____

身份证号 |＿|＿|＿|＿|＿|＿|＿|＿|＿|＿|＿|＿|＿|＿|＿|＿|＿|＿|

调查对象联系电话

手机_____

座机区号_____号码_____

参考文献

曹艳春，2017，《全面二孩政策背景下从生育意愿到生育行为：基于SSM的影响因素及激励机制分析》，《兰州学刊》第2期。

曾祥旭，2012，《低生育水平下中国经济增长的可持续性研究》，西南财经大学出版社。

陈顾远，2014，《中国婚姻史》，商务印书馆。

陈梅、张梦哲、石智雷，2021，《国外生育支持理论与实践研究进展》，《人口学刊》第6期。

陈蒙，2018，《城市中产阶层女性的理想母职叙事——一项基于上海家庭的质性研究》，《妇女研究论丛》第2期。

陈蓉、顾宝昌，2020，《实际生育二孩人群分析——基于上海市的调查》，《中国人口科学》第5期。

陈蓉、顾宝昌，2021，《低生育率社会的人口变动规律及其应对——以上海地区的生育意愿和生育行为为例》，《探索与争鸣》第7期。

陈胜利、张世琨主编，2003，《当代择偶与生育意愿研究——2002年城乡居民生育意愿调查》，中国人口出版社。

陈卫，2021，《中国的低生育率与三孩政策——基于第七次全国人口普查数据的分析》，《人口与经济》第5期。

陈卫、靳永爱，2011，《中国妇女生育意愿与生育行为的差异及其影响因素》，《人口学刊》第2期。

陈卫、刘金菊，2021，《近年来中国出生人数下降及其影响因素》，《人口研究》第3期。

邓翔、万春林、路征，2018，《人力资本、预期寿命与推迟生育——基于四期 OLG 模型的理论与实证》，《西南民族大学学报》（人文社科版）第 9 期。

翟学伟，2003，《社会流动与关系信任——也论关系强度与农民工的求职策略》，《社会学研究》第 1 期。

翟振武、刘雯莉，2020，《中国妇女终身不孕水平究竟有多高？——基于人口调查数据的分析》，《人口研究》第 2 期。

董云川、李森森、杜升燕、唐应龙、仇学琴、李迎春，2012，《指标的时代与同流的大学》，《高教发展与评估》第 2 期。

杜学元，2003，《外国女子教育史》，四川人民出版社。

房莉杰、陈慧玲，2021，《平衡工作与家庭：家庭生育支持政策的国际比较》，《人口学刊》第 2 期。

费孝通，1998，《乡土中国 生育制度》，北京大学出版社。

风笑天，2017a，《城市两类育龄人群二孩生育意愿的影响因素研究》，《东南大学学报》（哲学社会科学版）第 3 期。

风笑天，2017b，《当代中国人的生育意愿：我们实际上知道多少？》，《社会科学》第 8 期。

风笑天，2017c，《定性研究与定量研究的差别及其结合》，《江苏行政学院学报》第 2 期。

风笑天，2018，《影响育龄人群二孩生育意愿的真相究竟是什么》，《探索与争鸣》第 10 期。

高惠蓉，2010，《女权与教育——美国女子高等教育发展研究》，上海三联书店。

顾宝昌，1992，《论生育和生育转变：数量、时间和性别》，《人口研究》第 6 期。

顾宝昌，2011，《生育意愿、生育行为和生育水平》，《人口研究》第 2 期。

郭林、董玉莲，2021，《0—3 岁婴幼儿托育服务：国际比较与中国选择》，《中共中央党校（国家行政学院）学报》第 5 期。

郭志刚，2008，《中国的低生育水平及其影响因素》，《人口研究》第 4 期。

贺丹、张许颖、庄亚儿、王志理、杨胜慧，2018，《2006~2016 年中国生育状况报告——基于 2017 年全国生育状况抽样调查数据分析》，《人口研究》第 6 期。

洪岩璧，2015，《Logistic 模型的系数比较问题及解决策略：一个综述》，《社会》第 4 期。

侯佳伟、顾宝昌、张银锋，2018，《子女偏好与出生性别比的动态关系：1979—2017》，《中国社会科学》第 10 期。

侯佳伟、黄四林、辛自强、孙铃、张红川、窦东徽，2014，《中国人口生育意愿变迁：1980—2011》，《中国社会科学》第 4 期。

侯力，2018，《东北地区长期低生育水平形成原因探析》，《人口学刊》第 2 期。

霍利婷、崔占峰，2021，《学前教育扩张与家庭教育投资的阶层差异演变——儿童及家庭平等化的双重视角》，《山西财经大学学报》第 2 期。

计迎春、郑真真，2018，《社会性别和发展视角下的中国低生育率》，《中国社会科学》第 8 期。

贾志科、罗志华、风笑天，2019，《城市青年夫妇生育意愿与行为的差异及影响因素——基于南京、保定调查的实证分析》，《西北人口》第 5 期。

姜全保、杨淑彩、李树苗，2018，《中国出生人口数量变化研究》，《中国人口科学》第 1 期。

康传坤、孙根紧，2018，《基本养老保险制度对生育意愿的影响》，《财经科学》第 3 期。

李春玲，2016，《中等收入群体与中间阶层的概念定义——社会学与经济学取向的比较》，《国家行政学院学报》第 6 期。

李春玲、石秀印、杨昊等，2011，《性别分层与劳动力市场》，中国社会科学出版社。

李建新、郭牧琦，2015，《相对资源理论与夫妻权力关系的阶层差异分析——基于第三期中国妇女社会地位调查数据》，《妇女研究论丛》第 6 期。

李竞能编著，2004，《现代西方人口理论》，复旦大学出版社。

李路路、石磊、朱斌，2018，《固化还是流动？——当代中国阶层结构变迁四十年》，《社会学研究》第 6 期。

李雨霏、马文舒、王玲艳，2019，《1949 年以来中国 0—3 岁托育机构发展变迁论析》，《教育发展研究》第 24 期。

李玉柱，2014，《生育意愿与生育行为的差距——国际趋势的分析与比较》，载顾宝昌、马小红、茅倬彦主编《二孩，你会生吗？生育意愿、生育行为和生育水平关系研究》，社会科学文献出版社。

李月、张许颖，2021，《婚姻推迟、婚内生育率对中国生育水平的影响——基于对总和生育率分解的研究》，《人口学刊》第 4 期。

李忠路、邱泽奇，2016，《家庭背景如何影响儿童学业成就？——义务教育阶段家庭社会经济地位影响差异分析》，《社会学研究》第 4 期。

梁青岭，2009，《现代婚姻社会学》，社会科学文献出版社。

林宝，2021，《从七普数据看中国人口发展趋势》，《人民论坛》第 15 期。

刘丰、胡春龙，2018，《育龄延迟、教育回报率极化与生育配套政策》，《财经研究》第 8 期。

刘章生、刘桂海、周建丰、范丽琴，2018，《教育如何影响中国人的"二孩"意愿？——来自 CGSS（2013）的证据》，《公共管理学报》第 2 期。

刘中一，2021，《OECD 国家的家庭政策借鉴与我国的本土化考量》，《学术论坛》第 1 期。

陆杰华、伍绪青，2021，《人口年龄结构变迁：主要特点、多重影响及其应对策略》，《青年探索》第 4 期。

陆学艺主编，2002，《当代中国社会阶层研究报告》，社会科学文献出版社。

陆学艺主编，2004，《当代中国社会流动》，社会科学文献出版社。

陆学艺主编，2010，《当代中国社会结构》，社会科学文献出版社。

吕碧君，2018，《祖父母支持对城镇妇女二孩生育意愿的影响》，《城市问题》第 2 期。

马春华，2016，《瑞典和法国家庭政策的启示》，《妇女研究论丛》第 2 期。

马磊，2017，《同质婚、交换婚与当前中国社会的婚姻壁垒》，《人口研究》第 6 期。

马磊、袁浩、顾大男，2019，《婚姻匹配研究：理论与实证》，《人口与经济》第 3 期。

马小红，2011，《从北京调查看生育意愿和生育行为》，《人口研究》第 2 期。

马宇航、杨东平，2016，《高等教育女性化的国际比较研究》，《江苏高教》第 5 期。

马志越、王金菅，2020，《生与不生的抉择：从生育意愿到生育行为——来自 2017 年全国生育状况抽样调查北方七省市数据的证明》，《兰州学刊》第 1 期。

茅倬彦，2009，《生育意愿与生育行为差异的实证分析》，《人口与经济》第 2 期。

茅倬彦、罗昊，2013，《符合二胎政策妇女的生育意愿和生育行为差异——基于计划行为理论的实证研究》，《人口研究》第 1 期。

宁文苑、石人炳，2019，《人口老龄化下老年人与子女代际居住研究》，《中州学刊》第 4 期。

彭珮云主编，1997，《中国计划生育全书》，中国人口出版社。

齐亚强、牛建林，2012，《新中国成立以来我国婚姻匹配模式的变迁》，《社会学研究》第 1 期。

钱民辉，2004，《教育真的有助于向上社会流动吗——关于教育与社会分层的关系分析》，《社会科学战线》第 4 期。

乔晓春，2021，《从"七普"数据看中国人口发展、变化和现状》，《人口与发展》第 4 期。

卿石松、丁金宏，2015，《生育意愿中的独生属性与夫妻差异——基于上海市夫妻匹配数据的分析》，《中国人口科学》第 5 期。

石贝贝、唐代盛、候蔺，2017，《中国人口生育意愿与男孩偏好研究》，《人口学刊》第 2 期。

石磊，2019，《新中国成立以来教育婚姻匹配的变迁》，《人口研究》第 6 期。

石人炳，2021，《包容性生育政策：开启中国生育政策的新篇章》，《华中科技大学学报》（社会科学版）第 3 期。

石人炳、胡波、宁文苑，2019，《生育政策调整前后西南四省市妇女生育变动分析》，《人口研究》第 2 期。

石人炳、宁文苑、胡波，2020，《生育进度效应调整指标研究的新进展》，《人口学刊》第 2 期。

石人炳、杨辉，2021，《两男恐惧：一种值得关注的孩子性别偏好》，《人口学刊》第 1 期。

石智雷、杨雨萱，2019，《女性权益、社会地位与生育选择：相关文献评述》，《人口学刊》第 1 期。

石智雷、杨云彦，2014，《符合"单独二孩"政策家庭的生育意愿与生育行为》，《人口研究》第 5 期。

宋健，2021，《从约束走向包容：中国生育政策转型研究》，《华中科技大学学报》(社会科学版) 第 3 期。

宋健、阿里米热·阿里木，2021，《育龄女性生育意愿与行为的偏离及家庭生育支持的作用》，《人口研究》第 4 期。

宋健、陈芳，2010，《城市青年生育意愿与行为的背离及其影响因素——来自 4 个城市的调查》，《中国人口科学》第 5 期。

孙百亮，2019，《中国人口再生产的"现代性"困境》，《人文杂志》第 8 期。

孙晓霞、于潇，2021，《东北地区"低生育率陷阱"探析》，《人口学刊》第 5 期。

汤梦君，2020，《中国在婚女性生育意愿与生育计划的偏离及解决路径》，《新视野》第 4 期。

唐启明，2012，《量化数据分析：通过社会研究检验想法》，任强译，社会科学文献出版社。

田艳芳、卢诗诰、张苹，2020，《儿童照料与二孩生育意愿——来自上海的证据》，《人口学刊》第 3 期。

田艳平、徐玮、顾贾能，2018，《女性职业发展、家庭地位与二孩生育意愿》，《人口与社会》第 5 期。

汪民安，2012，《现代性》，南京大学出版社。

王春霞，2022，《多地延长产假，如何避免影响女性就业？》，《中国妇女报》1 月 28 日，第 2 版。

王广州、张丽萍，2017，《中国低生育水平下的二孩生育意愿研究》，《青年探索》第 5 期。

王杰、李姚军，2021，《教育婚姻匹配与婚姻满意度》，《中国人口科学》第 2 期。

王金营、马志越、李嘉瑞，2019，《中国生育水平、生育意愿的再认识：现实和未来——基于 2017 年全国生育状况调查北方七省市的数据》，《人口研究》第 2 期。

王军，2015，《生育政策调整对中国出生人口规模的影响——基于生育意愿
　　与生育行为差异的视角》，《人口学刊》第 2 期。

王军、王广州，2016，《中国低生育水平下的生育意愿与生育行为差异研
　　究》，《人口学刊》第 2 期。

王军、张露，2021，《中国低生育水平下的人口形势、长期发展战略与治理
　　策略》，《治理研究》第 4 期。

王俊，2020，《初育年龄推迟对女性收入的影响》，《人口研究》第 5 期。

王俊、石人炳，2021，《中国家庭生育二孩的边际机会成本——基于收入分
　　层的视角》，《人口与经济》第 4 期。

王英、徐鲲、唐雲，2019，《地区教育质量对居民二孩生育意愿的影响机制
　　研究——来自 CGSS2015 经验证据》，《西北人口》第 4 期。

王永洁，2019，《劳动力市场性别差异与女性赋权——基于 2016 年中国城
　　市劳动力调查数据的分析》，《人口与经济》第 1 期。

文强、杨小军，2020，《"门当户对"的婚姻更美满吗？》，《经济评论》第 2 期。

吴帆，2020，《生育意愿研究：理论与实证》，《社会学研究》第 4 期。

吴帆、林川，2013，《欧洲第二次人口转变理论及其对中国的启示》，《南开
　　学报》（哲学社会科学版）第 6 期。

吴忠观、刘家强，2003，《关于生育文化现代化的几点思考》，《人口研究》
　　第 5 期。

向栩、田盈、田晨笑，2019，《幸福的生育效应——基于 CGSS2015 调查数
　　据的实证检验》，《西北人口》第 6 期。

徐天琪主编，1993，《人口政策概论》，杭州大学出版社。

许琪，2016，《利用小普查数据对"随机婚配"假定的再检验——兼论
　　Logistic 回归系数的可比性问题》，《人口与经济》第 3 期。

许琪，2018，《时间都去哪儿了？——从生命历程的角度看中国男女时间利
　　用方式的差异》，《妇女研究论丛》第 4 期。

薛君，2018，《中断与融合：人口流动对生育水平的影响》，《人口学刊》第
　　4 期。

杨成钢、孙晓海，2020，《中国生育率持续低迷的风险、适应与政策选择》，

《人口与发展》第 4 期。

杨成钢、杨紫帆，2021，《中国共产党百年人口思想与马克思主义人口理论的现代化和中国化》，《人口研究》第 6 期。

杨东平，2006，《中国教育公平的理想与现实》，北京大学出版社。

杨凡，2016，《现代夫妻关系对妇女男孩偏好的影响》，《人口与经济》第 3 期。

杨菊华，2008，《意愿与行为的悖离：发达国家生育意愿与生育行为研究述评及对中国的启示》，《学海》第 1 期。

杨菊华，2011，《生育意愿、生育行为、生育水平的三重悖离》，《人口研究》第 2 期。

杨菊华，2019，《"性别—母职双重赋税"与劳动力市场参与的性别差异》，《人口研究》第 1 期。

杨菊华，2021，《生育政策包容性：理论基础、基本意涵与行动策略》，《华中科技大学学报》（社会科学版）第 3 期。

杨可，2018，《母职的经纪人化——教育市场化背景下的母职变迁》，《妇女研究论丛》第 2 期。

杨克文，2019，《高房价影响生育意愿吗？——基于房价与育龄女性生育意愿的经验分析》，《南方人口》第 5 期。

杨雪燕、高琛卓、井文，2019，《典型福利类型下 0—3 岁婴幼儿托育服务的国际比较与借鉴》，《人口与经济》第 2 期。

杨雪燕、高琛卓、井文，2021a，《低生育率时代儿童照顾政策的需求层次与结构——基于西安市育龄人群调查数据的实证分析》，《人口研究》第 1 期。

杨雪燕、井文、高琛卓、朱书园、王粤，2021b，《2006—2016 年西北五省区育龄妇女生育水平和新时期生育意愿研究》，《人口学刊》第 1 期。

原新，2016，《我国生育政策演进与人口均衡发展——从独生子女政策到全面二孩政策的思考》，《人口学刊》第 5 期。

岳经纶、范昕，2018，《中国儿童照顾政策体系：回顾、反思与重构》，《中国社会科学》第 9 期。

张存刚、梅道甜，2020，《理想与现实：中国城镇育龄妇女的生育意愿与实际行为——基于 2010 和 2015 年 CGSS 数据的实证分析》，《西北人口》第 4 期。

张广宇、顾宝昌，2018，《用津贴能促进生育吗？澳大利亚实施鼓励生育政策始末记》，《人口与发展》第 6 期。

张海峰，2018，《全面二孩政策下中国儿童照料可及性研究——国际经验借鉴》，《人口与经济》第 3 期。

张抗私，2005，《劳动力市场性别歧视问题研究》，东北财经大学出版社。

张丽萍、王广州，2015，《中国育龄人群二孩生育意愿与生育计划研究》，《人口与经济》第 6 期。

张丽萍、王广州，2020，《女性受教育程度对生育水平变动影响研究》，《人口学刊》第 6 期。

张晓青、黄彩虹、张强、陈双双、范其鹏，2016，《“单独二孩”与“全面二孩”政策家庭生育意愿比较及启示》，《人口研究》第 1 期。

张翼，2021，《“三孩生育”政策与未来生育率变化趋势》，《中国特色社会主义研究》第 4 期。

张勇、尹秀芳、徐玮，2014，《符合“单独二孩”政策城镇居民的生育意愿调查》，《中南财经政法大学学报》第 5 期。

赵梦晗，2016，《我国妇女生育推迟与近期生育水平变化》，《人口学刊》第 1 期。

赵梦晗，2019，《女性受教育程度与婚配模式对二孩生育意愿的影响》，《人口学刊》第 3 期。

郑晓冬、方向明，2019，《婚姻匹配模式与婚姻稳定性——来自中国家庭追踪调查的经验证据》，《人口与经济》第 3 期。

郑新蓉，2005，《性别与教育》，教育科学出版社。

郑真真，2011，《生育意愿研究及其现实意义——兼以江苏调查为例》，《学海》第 2 期。

郑真真，2014，《生育意愿的测量与应用》，《中国人口科学》第 6 期。

郑真真，2019，《20 世纪 70 年代妇女在生育转变中的作用——基于妇女地位、劳动参与和家庭角度的考察》，《妇女研究论丛》第 3 期。

郑真真，2021，《生育转变的多重推动力：从亚洲看中国》，《中国社会科学》第 3 期。

钟晓华，2016，《“全面二孩”政策实施效果的评价与优化策略——基于城市"双非"夫妇再生育意愿的调查》,《中国行政管理》第 7 期。

周晓蒙, 2018,《经济状况、教育水平对城镇家庭生育意愿的影响》,《人口与经济》第 5 期。

周云, 2011,《以日本为例看生育意愿和生育水平》,《人口研究》第 2 期。

朱斌, 2018,《文化再生产还是文化流动?——中国大学生的教育成就获得不平等研究》,《社会学研究》第 1 期。

朱荟、陆杰华, 2021,《现金补贴抑或托幼服务? 欧洲家庭政策的生育效应探析》,《社会》第 3 期。

朱雅玲、张彬, 2021,《人口结构变动下中国消费的未来趋势——基于第七次全国人口普查数据的分析》,《陕西师范大学学报》(哲学社会科学版)第 4 期。

庄亚儿、姜玉、李伯华, 2021,《全面两孩政策背景下中国妇女生育意愿及其影响因素——基于 2017 年全国生育状况抽样调查》,《人口研究》第 1 期。

庄亚儿、姜玉、王志理、李成福、齐嘉楠、王晖、刘鸿雁、李伯华、覃民, 2014,《当前我国城乡居民的生育意愿——基于 2013 年全国生育意愿调查》,《人口研究》第 3 期。

庄亚儿、杨胜慧、齐嘉楠、李伯华、王志理, 2018,《2017 年全国生育状况抽样调查的实践与思考》,《人口研究》第 4 期。

Ajzen, Icek, and Jane Klobas. 2013. "Fertility Intentions: An Approach Based on the Theory of Planned Behavior." *Demographic Research* 29: 203–232.

Ajzen, Icek. 1991. "The Theory of Planned Behavior." *Organizational Behavior and Human Decision Processes* 50(2): 179–211.

Allison, Paul D. 1999. "Comparing Logit and Probit Coefficients Across Groups." *Sociological Methods & Research* 28(2): 186–208.

Bavel, Jan. Van. 2012. "The Reversal of Gender Inequality in Education, Union Formation and Fertility in Europe." *Vienna Yearbook of Population Research* 10: 127–154.

Becker, Gary S. 1960. "An Economic Analysis of Fertility." *In Demographic and Economic Change in Developed Countries*, edited by Universities-National

Bureau Committee for Economic Research, pp. 209–240. Princeton: Columbia University Press.

Becker, Gary S. 1974. "A Theory of Marriage: Part II." *Journal of Political Economy* 82(2): S11–S26.

Becker, Gary S., Kevin M. Murphy, and Robert Tamura. 1990. "Human Capital, Fertility, and Economic Growth." *Journal of Political Economy* 98(5): S12–S37.

Bereczkei, Tamas, and Andras Csanaky. 1996. "Mate Choice, Marital Success, and Reproduction in a Modern Society." *Ethology and Sociobiology* 17(1): 17–35.

Berrington, Ann, Juliet Stone, and Eva Beaujouan. 2015. "Educational Differences in Timing and Quantum of Childbearing in Britain: A Study of Cohorts Born 1940–1969." *Demographic Research* 33: 733–764.

Bianchi, Suzanne M., Liana C. Sayer, Melissa A. Milkie, and John P. Robinson. 2012. "Housework: Who Did, Does or Will Do It, and How Much Does It Matter?" *Social Forces* 91(1): 55–63.

Billingsley, Sunnee, and Tommy Ferrarini. 2014. "Family Policy and Fertility Intentions in 21 European Countries." *Journal of Marriage and Family* 76(2): 428–445.

Blood, R. O. Jr., and D. M. Wolfe. 1960. *Husbands & Wives: The Dynamics of Married Living*. Glencoe, IL: Free Press.

Bongaarts, John. 2001. "Fertility and Reproductive Preferences in Post-Transitional Societies." *Population and Development Review* 27: 260–281.

Bongaarts, John. 2002. "The End of the Fertility Transition in the Developed World." *Population and Development Review* 28(3): 419–443.

Bracher, Michael, and Gigi Santow. 1991. "Fertility Desires and Fertility Outcomes." *Journal of the Australian Population Association* 8(1): 33–49.

Bukodi, Erzsébet, and John H. Goldthorpe. 2013. "Decomposing 'Social Origins': The Effects of Parents' Class, Status, and Education on the Educational Attainment of Their Children." *European Sociological Review* 29(5): 1024–1039.

Chen, Mengni, Stuart Gietel-Basten, and Paul S. F. Yip. 2020. "Targeting and

Mistargeting of Family Policies in High-Income Pacific Asian Societies: A Review of Financial Incentives." *Population Research and Policy Review* 39(3): 389–413.

Demeny, Paul. 2003. "Population Policy Dilemmas in Europe at the Dawn of the Twenty-First Century." *Population and Development Review* 29(1): 1–28.

Drago, Robert, Katina Sawyer, Karina M. Shreffler, Diana Warren, and Mark Wooden. 2011. "Did Australia's Baby Bonus Increase Fertility Intentions and Births?" *Population Research and Policy Review* 30(3): 381–397.

Esteve, Albert, Christine R. Schwartz, Jan Van Bavel, Iñaki Permanyer, Martin Klesment, and Joan Garcia. 2016. "The End of Hypergamy: Global Trends and Implications." *Population and Development Review* 42(4): 615–625.

Esteve, Albert, Joan García-Román, and Iñaki Permanyer. 2012. "The Gender-Gap Reversal in Education and Its Effect on Union Formation: The End of Hypergamy?" *Population and Development Review* 38(3): 535–546.

Fieder, Martin, and Susanne Huber. 2007. "The Effects of Sex and Childlessness on the Association Between Status and Reproductive Output in Modern Society." *Evolution and Human Behavior* 28(6): 392–398.

Freedman, Ronald, Ming-Cheng Chang, and Te-Hsiung Sun. 1994. "Taiwan's Transition from High Fertility to Below-Replacement Levels." *Studies in Family Planning* 25(6): 317–331.

Galor, Oded, and David N. Weil. 1996. "The Gender Gap, Fertility, and Growth." *The American Economic Review* 86(3): 374–387.

Galor, Oded, and David N. Weil. 2000. "Population, Technology, and Growth: From Malthusian Stagnation to the Demographic Transition and Beyond." *American Economic Review* 90(4): 806–828.

Galor, Oded, and Omer Moav. 2002. "Natural Selection and the Origin of Economic Growth." *The Quarterly Journal of Economics* 117(4): 1133–1191.

Gangl, Markus, and Andrea Ziefle. 2009. "Motherhood, Labor Force Behavior, and Women's Careers: An Empirical Assessment of the Wage Penalty for Motherhood in Britain, Germany, and the United States." *Demography* 46(2):

341–369.

Goldstein, Joshua, Wolfgang Lutz, and Maria Rita Testa. 2003. "The Emergence of Sub-Replacement Family Size Ideals in Europe." *Population Research and Policy Review* 22(5): 479–496.

Gough, Margaret, and Mary Noonan. 2013. "A Review of the Motherhood Wage Penalty in the United States." *Sociology Compass* 7(4): 328–342.

Grow, André, and Jan Van Bavel. 2015. "Assortative Mating and the Reversal of Gender Inequality in Education in Europe: An Agent-Based Model." *PLoS One* 10(6): e0127806.

Hagewen, Kellie J., and S. Philip Morgan. 2005. "Intended and Ideal Family Size in the United States, 1970–2002." *Population and Development Review* 31(3): 507–527.

Harknett, Kristen, and Caroline Sten Hartnett. 2014. "The Gap Between Births Intended and Births Achieved In 22 European Countries, 2004–07." *Population Studies* 68(3): 265–282.

Harknett, Kristen, Francesco C. Billari, and Carla Medalia. 2014. "Do Family Support Environments Influence Fertility? Evidence from 20 European Countries." *European Journal of Population* 30(1): 1–33.

Huber, Susanne, and Martin Fieder. 2011. "Educational Homogamy Lowers the Odds of Reproductive Failure." *PLoS One* 6(7): e22330.

Huber, Susanne, Fred L. Bookstein, and Martin Fieder. 2010. "Socioeconomic Status, Education, and Reproduction in Modern Women: An Evolutionary Perspective." *American Journal of Human Biology* 22(5): 578–587.

Hur, Yoon-Mi. 2003. "Assortative Mating for Personality Traits, Educational Level, Religious Affiliation, Height, Weight, and Body Mass Index in Parents of a Korean Twin Sample." *Twin Research* 6(6): 467–470.

Jansen, Miranda, and Aart C. Liefbroer. 2006. "Couples' Attitudes, Childbirth, and the Division of Labor." *Journal of Family Issues* 27(11): 1487–1511.

Karlson, Kristian Bernt, Anders Holm, and Richard Breen. 2012. "Comparing Regression Coefficients Between Same-Sample Nested Models Using Logit and

Probit: A New Method." *Sociological Methodology* 42(1): 286–313.

Katrňák, Tomáš, Martin Kreidl, and Laura Fónadová. 2006. "Trends in Educational Assortative Mating in Central Europe: The Czech Republic, Slovakia, Poland, and Hungary, 1988–2000." *European Sociological Review* 22(3): 309–322.

Katrňák, Tomáš. 2008. "Educational Assortative Mating in the Czech Republic, Slovakia and Hungary between 1976 and 2003." *Sociológia* 40(3): 236–257.

Keim, Sylvia, Andreas Klärner, and Laura Bernardi. 2013. "Tie Strength and Family Formation: Which Personal Relationships are Influential?" *Personal Relationships* 20(3): 462–478.

Knodel, John, Vipan Prachuabmoh Ruffolo, Pakamas Ratanalangkarn, and Kua Wongboonsin. 1996. "Reproductive Preferences and Fertility Trends in Post-transition Thailand." *Studies in Family Planning* 27(6): 307–318.

Kravdal, Øystein, and Ronald R. Rindfuss. 2008. "Changing Relationships between Education and Fertility: A Study of Women and Men Born 1940 to 1964." *American Sociological Review* 73(5): 854–873.

Kreyenfeld, Michaela. 2010. "Uncertainties in Female Employment Careers and the Postponement of Parenthood in Germany." *European Sociological Review* 26(3): 351–366.

Krzyżanowska, Monika, and C. G. Nicholas Mascie-Taylor. 2014. "Educational and Social Class Assortative Mating in Fertile British Couples." *Annals of Human Biology* 41(6): 561–567.

Lawton, Denis. 1994. "Persistent Inequality: Changing Educational Attainment in Thirteen Countries by Y. Shavit, H. P. Blossfeld." *British Journal of Educational Studies* 42(4): 413–415.

Lee, Ronald D. 1980. "Aiming at a Moving Target: Period Fertility and Changing Reproductive Goals." *Population Studies* 34(2): 205–226.

Lesthaeghe, Ron, and Dirk J. Van de Kaa. 1986. "Twee Demografische Transities?" *In Bevolking: Groei en Krimp,* edited by Dirk J. Van de Kaa, and Ron Lesthaeghe, pp. 9–24. Deventer: Van Loghum Slaterus.

Lesthaeghe, Ron. 2014. "The Second Demographic Transition: A Concise Overview of its Development." *Proceedings of the National Academy of Sciences* 111(51): 18112–18115.

Lister, Ruth. 1994. "She Has Other Duties: Women, Citizenship and Social Security." In *Social Security and Social Change: New Challenges to the Beveridge Model,* edited by Ruth Lister, Sally Baldwin, and Jane Falkingham, pp. 31–44. New York: Harvester Wheatsheaf.

Lois, Daniel, and Oliver Arránz Becker. 2014. "Is Fertility Contagious? Using Panel Data to Disentangle Mechanisms of Social Network Influences on Fertility Decisions." *Advances in Life Course Research* 21: 123–134.

Mare, Robert D., and Christine R. Schwartz. 2006. "Educational Assortative Mating and the Family Background of the Next Generation." *Sociological Theory and Methods* 21(2): 253–278.

Mascie-Taylor, C. G. 1987. "Assortative Mating in a Contemporary British Population." *Annals of Human Biology* 14(1): 59–68.

McDonald, Peter. 2000. "Gender Equity in Theories of Fertility Transition." *Population and Development Review* 26(3): 427–439.

Meyer, John W., Francisco O. Ramirez, and Yasemin Nuhoḡlu Soysal. 1992. "World Expansion of Mass Education, 1870-1980." *Sociology of Education* 65(2): 128–149.

Miller, Warren B. 1994. "Childbearing Motivations, Desires, and Intentions: A Theoretical Framework." *Genetic, Social, and General Psychology Monographs* 120(2): 223–258.

Miller, Warren B., and David J. Pasta. 1993. "Motivational and Nonmotivational Determinants of Child-Number Desires." *Population and Environment* 15(2): 113–138.

Miller, Warren B., and David J. Pasta. 1994. "The Psychology of Child Timing: A Measurement Instrument and a Model." *Journal of Applied Social Psychology* 24(3): 218–250.

Miller, Warren B., and David J. Pasta. 1995a. "Behavioral Intentions: Which Ones Predict Fertility Behavior in Married Couples?" *Journal of Applied Social*

Psychology 25(6): 530–555.

Miller, Warren B., and David J. Pasta. 1995b. "How Does Childbearing Affect Fertility Motivations and Desires?" *Social Biology* 42(3–4): 185–198.

Miller, Warren B., and David J. Pasta. 1996a. "Couple Disagreement: Effects on the Formation and Implementation of Fertility Decisions." *Personal Relationships* 3(3): 307–336.

Miller, Warren B., and David J. Pasta. 1996b. "The Relative Influence of Husbands and Wives on the Choice and Use of Oral Contraception, a Diaphragm, and Condoms." *Journal of Applied Social Psychology* 26(19): 1749–1774.

Miller, Warren, Lawrence Severy, and David Pasta. 2004. "A Framework for Modelling Fertility Motivation in Couples." *Population Studies* 58(2): 193–205.

Morgan, S. Philip, and Rosalind Berkowitz King. 2001. "Why Have Children in the 21st Century? Biological Predisposition, Social Coercion, Rational Choice." *European Journal of Population* 17(1): 3–20.

Morgan, S. Philip. 1981. "Intention and Uncertainty at Later Stages of Childbearing: The United States 1965 and 1970." *Demography* 18(3): 267–285.

Morgan, S. Philip. 1982. "Parity-Specific Fertility Intentions and Uncertainty: The United States, 1970 to 1976." *Demography* 19(3): 315–334.

Morgan, S. Philip. 2003. "Is Low Fertility a Twenty-First-Century Demographic Crisis?" *Demography* 40(4): 589–603.

Nielsen, Helena Skyt, and Michael Svarer. 2009. "Educational Homogamy: How Much is Opportunities?" *Journal of Human Resources* 44(4): 1066–1086.

Nitsche, Natalie, Alessandra Trimarchi, and Marika Jalovaara. 2020. The Power of Two: Second Birth Rate Differences Between Couples with Homogamous and Heterogamous Educational Pairings. https://doi.org/10.4054/MPIDR-WP-2020-029.

Nitsche, Natalie, Anna Matysiak, Jan Van Bavel, and Daniele Vignoli. 2018. "Partners' Educational Pairings and Fertility Across Europe." *Demography* 55(4): 1195–1232.

Nomes, Eli, and Jan Van Bavel. 2017. "Education and Marriage: The Shift from Female Hypergamy to Hypogamy in Belgium, a 20th Century Cohort Analysis." *Quetelet Journal* 5(2): 37–67.

Oppenheimer, Valerie Kincade. 1994. "Women's Rising Employment and the Future of the Family in Industrial Societies." *Population and Development Review* 20(2): 293–342.

Oppenheimer, Valerie Kincade. 1997. "Women's Employment and the Gain to Marriage: The Specialization and Trading Model." *Annual Review of Sociology* 23(1): 431–453.

Osiewalska, Beata. 2017. "Childlessness and Fertility by Couples' Educational (in) Equality in Austria, Bulgaria, and France." *Demographic Research* 37: 325–362.

Parsons, Talcott. 1949. "The Social Structure of the Family." *In The Family: Its Function and Destiny,* edited by Ruth Nanda Anshen, pp. 173–201, Oxford: Harper.

Qian, Yue, and Yongai Jin. 2018. "Women's Fertility Autonomy in Urban China: The Role of Couple Dynamics Under the Universal Two-Child Policy." *Chinese Sociological Review* 50(3): 275–309.

Requena, Miguel, and Leire Salazar. 2014. "Education, Marriage, and Fertility: The Spanish Case." *Journal of Family History* 39(3): 283–302.

Rønsen, Marit. 2004. "Fertility and Family Policy in Norway: A Reflection on Trends and Possible Connections." *Demographic Research* 10: 265–286.

Samir, K. C., Bilal Barakat, Anne Goujon, Vegard Skirbekk, Warren Sanderson, and Wolfgang Lutz. 2010. "Projection of Populations by Level of Educational Attainment, Age, and Sex for 120 Countries for 2005-2050." *Demographic Research* 22: 383–472.

Sandström, Glenn. 2014. "The Mid-Twentieth Century Baby Boom in Sweden: Changes in the Educational Gradient of Fertility for Women Born 1915–1950." *The History of the Family* 19(1): 120–140.

Schmidt, L., T. Sobotka, J. G. Bentzen, A. Nyboe Andersen. 2012. "Demographic and Medical Consequences of the Postponement of Parenthood." *Human Reproduction Update* 18(1): 29–43.

Schofer, Evan, and John W. Meyer. 2005. "The Worldwide Expansion of Higher Education in the Twentieth Century." *American Sociological Review* 70(6): 898–920.

Schwartz, Christine R., and Robert D. Mare. 2005. "Trends in Educational Assortative Marriage from 1940 to 2003." *Demography* 42(4): 621–646.

Slonimczyk, Fabián, and Anna Yurko. 2014. "Assessing the Impact of the Maternity Capital Policy in Russia." *Labour Economics* 30: 265–281.

Smits, Jeroen, Wout Ultee, and Jan Lammers. 2000. "More or Less Educational Homogamy? A Test of Different Versions of Modernization Theory Using Cross-Temporal Evidence for 60 Countries." *American Sociological Review* 65(5): 781–788.

Sobotka, Tomáš. 2009. "Sub-Replacement Fertility Intentions in Austria." *European Journal of Population* 25(4): 387-412.

Stein, Petra, Sebastian Willen, and Monika Pavetic. 2014. "Couples' Fertility Decision-Making." *Demographic Research* 30: 1697–1732.

Testa, Maria Rita. 2006. "Childbearing Preferences and Family Issues in Europe: Evidence from the Eurobarometer 2006 Survey." *Vienna Yearbook of Population Research* 5: 357–379.

Thomson, Elizabeth, and Yvonne Brandreth. 1995. "Measuring Fertility Demand." *Demography* 32(1): 81–96.

Trent, Roger B. 1980. "Evidence Bearing on the Construct Validity of 'Ideal Family Size'." *Population and Environment* 3(3): 309–327.

Trimarchi, Alessandra, and Jan Van Bavel. 2020. "Partners' Educational Characteristics and Fertility: Disentangling the Effects of Earning Potential and Unemployment Risk on Second Births." *European Journal of Population* 36(3): 439–464.

Tsou, Meng-Wen, Jin-Tan Liu, and James K. Hammitt. 2011. "Parental Age Difference, Educationally Assortative Mating and Offspring Count: Evidence from a Contemporary Population in Taiwan." *Biology Letters* 7(4): 562–566.

Udry, J. Richard. 1983. "Do Couples Make Fertility Plans One Birth at a Time?"

Demography 20(2): 117–128.

Vitali, Agnese, Francesco C. Billari, Alexia Prskawetz, and Maria Rita Testa. 2009. "Preference Theory and Low Fertility: A Comparative Perspective." *European Journal of Population* 25(4): 413–438.

Walker, James R. 1995. "The Effect of Public Policies on Recent Swedish Fertility Behavior." *Journal of Population Economics* 8(3): 223–251.

Westoff, Charles F., and Norman B. Ryder. 1977. "The Predictive Validity of Reproductive Intentions." *Demography* 14(4): 431–453.

Winship, Christopher, and Robert D. Mare. 1984. "Regression Models with Ordinal Variables." *American Sociological Review* 49(4): 512–525.

Wusu, Onipede. 2012. "A Reassessment of the Effects of Female Education and Employment on Fertility in Nigeria." *Vienna Yearbook of Population Research* 10: 31–48.

Yoon, Soo-Yeon. 2017. "The Influence of a Supportive Environment for Families on Women's Fertility Intentions and Behavior in South Korea." *Demographic Research* 36: 227–254.

图书在版编目（CIP）数据

高学历女性生育困境：现状与对策 / 宁文苑著 . --
北京：社会科学文献出版社，2023.9（2025.1 重印）
ISBN 978-7-5228-2205-1

Ⅰ . ①高… Ⅱ . ①宁… Ⅲ . ①生育－社会问题－研究
－中国 Ⅳ . ① C924.24

中国国家版本馆 CIP 数据核字（2023）第 141162 号

高学历女性生育困境：现状与对策

著　　者 /	宁文苑
出 版 人 /	冀祥德
责任编辑 /	赵晶华
文稿编辑 /	王　敏
责任印制 /	王京美
出　　版 /	社会科学文献出版社·文化传媒分社（010）59367004
	地址：北京市北三环中路甲 29 号院华龙大厦　邮编：100029
	网址：www.ssap.com.cn
发　　行 /	社会科学文献出版社（010）59367028
印　　装 /	唐山玺诚印务有限公司
规　　格 /	开本：787mm×1092mm　1/16
	印张：13.75　字数：219 千字
版　　次 /	2023 年 9 月第 1 版　2025 年 1 月第 2 次印刷
书　　号 /	ISBN 978-7-5228-2205-1
定　　价 /	98.00 元

读者服务电话：4008918866